Fernhandel in Antike und Mittelalter

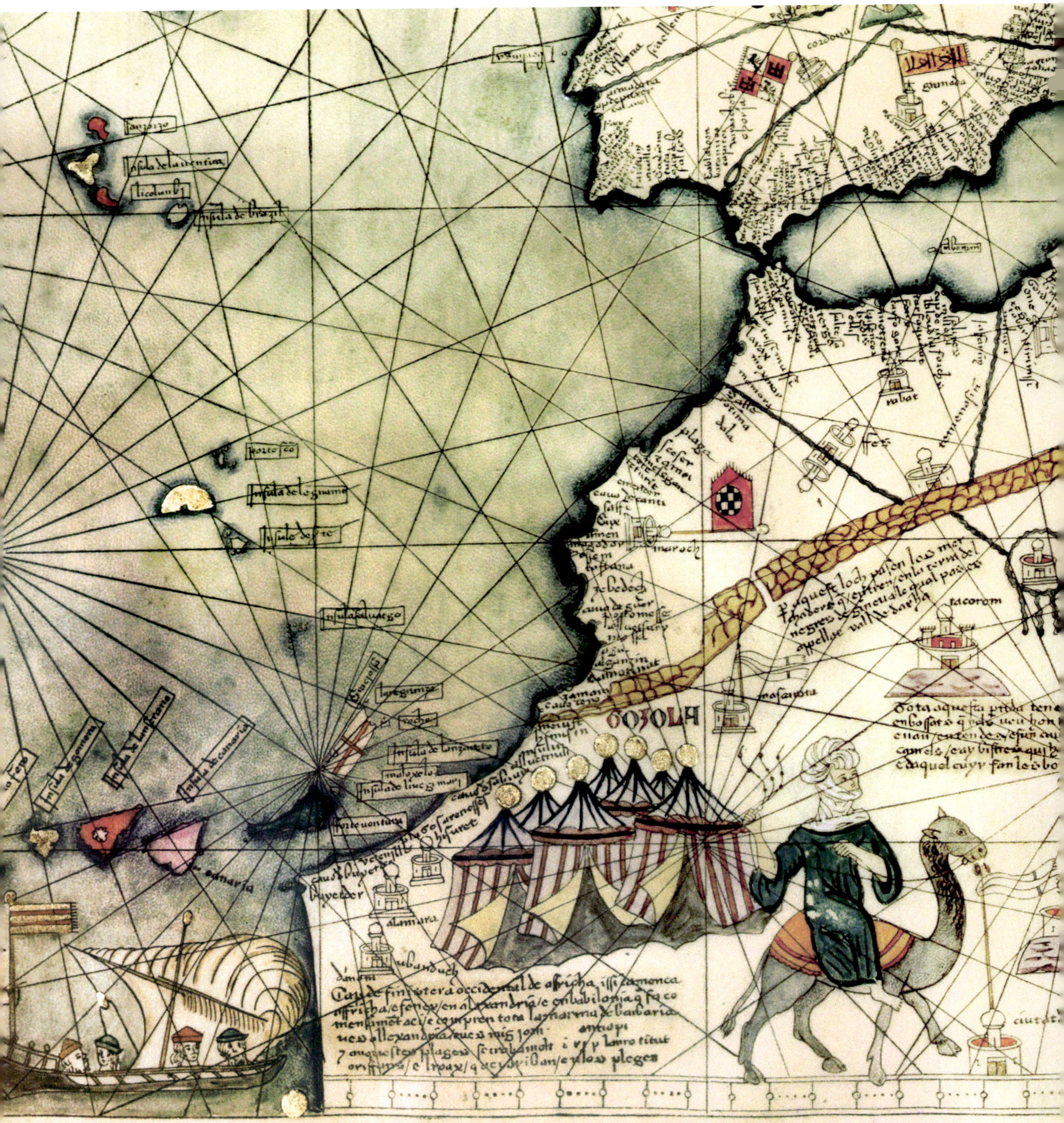
rabat
fes
maroch
tacorom

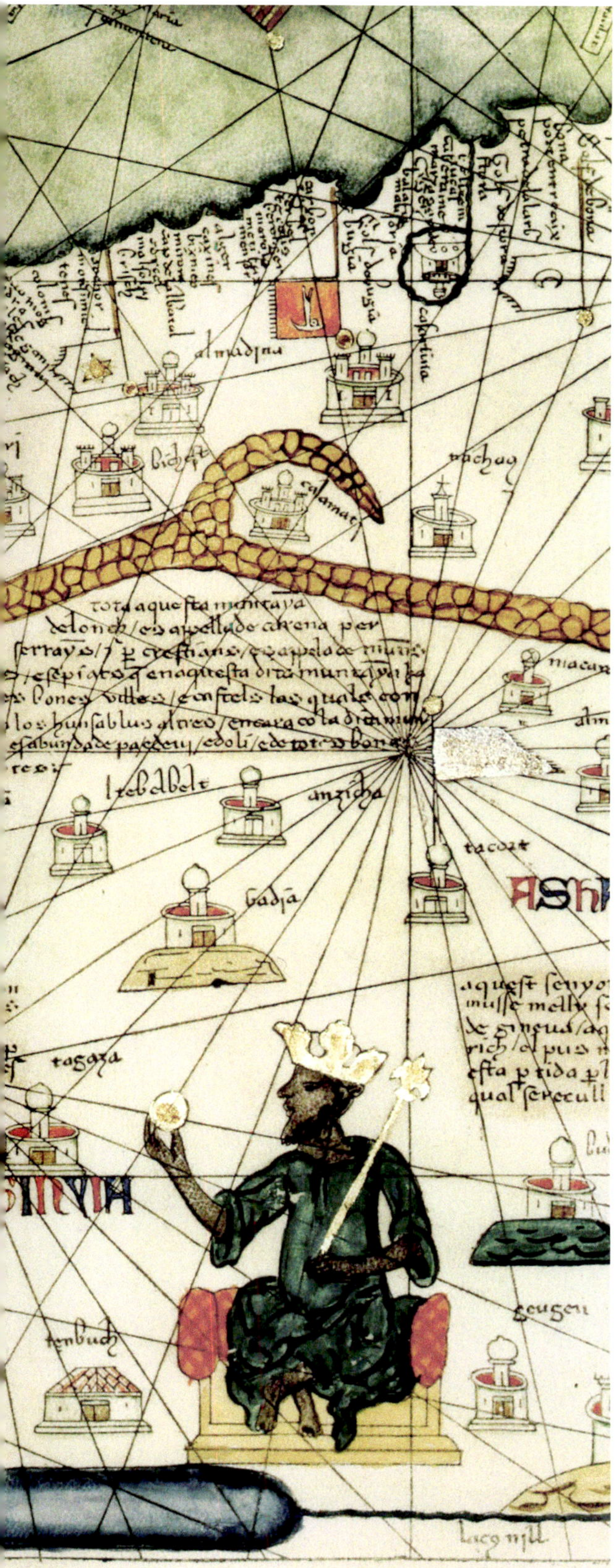

Der „Katalanische Atlas“, der um 1375 in einer Kartenwerkstätte auf Mallorca im Auftrag des Thronfolgers Pedro von Aragón entstand, zeigt die damals bekannte Welt vom Atlantik bis China (hier ein Ausschnitt mit Südspanien und Nordafrika samt König Mansa Musa von Mali).

Robert Bohn

Stephan Conermann

Ralph Kauz

Karen Radner

Folker Reichert

Marie-Claude Schöpfer Pfaffen

Michael Sommer

Fernhandel in Antike und Mittelalter

Herausgegeben in Zusammenarbeit mit DAMALS – das Magazin für Geschichte und Kultur akg-images S. 6, 8, 11, 15, 17, 20, 21, 25, 27, 30 o., 32, 36, 37, 40, 41, 43, 45, 50, 52, 55, 58, 65, 69, 71, 74, 76, 77, 80, 82, 83, 86, 87 o., 87 u., 89, 90 o., 97, 112, 122, 125, 126, 127; Bayerische Staatsbibliothek München S. 100; Bildarchiv Preußischer Kulturbesitz S. 14, 16, 18, 19 o., 23, 24, 34, 35, 38, 47, 48, 54, 81, 111, 113, 116; Bildarchiv Steffens S. 39; The Art Archive S. 2, 22, 31, 103; Biblioteca Apostolica Vaticana, Cod. Urb. Lat. 1013, fol. 28 S. 57; The Bridgeman Art Library S. 7 (XIR 208632), 26, 33, 62, 66, 68, 85, 92, 93, 95, 98, 114–115, 120, 121, 123; The British Library S. 51, 63, 75, 84; The British Museum S. 19 u.; Deutsches Textilmuseum Krefeld S. 46; Heinz Dieter Finck ©ViaStoria – Zentrum für Verkehrsgeschichte Bern S. 102, 106, 107; Forschungsstelle für islamische Numismatik am Orientalischen Seminar der Universität Tübingen S. 67; Historisches Museum Basel S. 101 u.; INTERFOTO S. 104; LOOK Die Bildagentur der Fotografen S. 64; J. Needham (Hrsg.), Science and Civilisation in China, vol. 4, Cambridge 1971 fig. 949 S. 84, fig. 975 S. 90 u.; Peter Palm, Berlin: Karten und Pläne S. 12, 28–29, 44, 78–79, 96, 119; picture-alliance S. 72, 73, 101 o.; SCALA archives S. 53, 108; Tschachtlans Bilderchronik, Faksimile Verlag Luzern 1987, Foto Vinzenz Bartlome S. 109; ullstein bild S. 30 u., 49, 61, 70, 118; Zentrum für Altertumswissenschaften der Universität Heidelberg S. 7

Die Deutsche Nationalbibliothek verzeichnet diese Publikation in der Deutschen Nationalbibliografie;
detaillierte bibliografische Daten sind im Internet über http://dnb.d-nb.de abrufbar.

Lektorat: Redaktion DAMALS
Layout, Satz und Prepress: schreiberVIS, Seeheim
Umschlaggestaltung: Stefan Schmid Design, Stuttgart, unter Verwendung eines Bildmotivs von dpa-Picture-Alliance, Frankfurt/Main (Die Ausfahrt von Marco Polo aus dem Hafen von Venedig 1235, dargestellt auf einer Handschrift aus dem 15. Jahrhundert; Bodleian Library Oxford)
Bildrecherche: Carsten Felker
Karten: Ralph Schmidberger, Peter Palm (Berlin)

Die Herausgabe des Werkes wurde durch die Vereinsmitglieder der WBG ermöglicht.
Gedruckt auf säurefreiem und alterungsbeständigem Papier
Druck und Bindung: Himmer AG, Augsburg
Printed in Germany

Lizenzausgabe für: Konrad Theiss Verlag GmbH, Stuttgart 2008

ISBN 978-3-8062-2148-0

Inhaltsverzeichnis

Marco Polos „Buch von den Wundern der Welt" wurde mehrfach illustriert. Unsere Abbildungen stammen alle aus der um 1410 von Johann Ohnefurcht, Herzog von Burgund, in Auftrag gegebenen Handschrift (heute Bibliothèque Nationale de France, Paris). Die Darstellung unten zeigt das Löschen von Schiffsladungen im Hafen von Cambaet.

Vorwort

Flugzeuge, Container- oder Tankschiffe, Bahn und Lastwagen verfrachten heutzutage ungeheure Warenmengen um die Welt. Das sind Erfindungen der Neuzeit. Fernhandel aber ist uralt. Nützliche oder begehrenswerte Materialien, die es nur an bestimmten Orten gab – etwa Obsidian, Bernstein, Lapislazuli –, wurden schon früh über weite Strecken gehandelt. Manche Produkte gaben Handelsrouten ihre Namen, wir sprechen beispielsweise von der Weihrauchstraße oder von Salzstraßen.

Der Hintergrund war immer, dass es an einem Ort etwas gab, das ein anderer benötigte: Purpur aus der Levante oder Indigo aus Indien gab den Kleidern weltlicher und kirchlicher Fürsten im Abendland ihre Farbe. Oder dass eine Region bzw. eine Kultur über technologisches Know-how verfügte, das – noch – nicht Allgemeingut geworden war. Dazu gehörten beispielsweise die Glasherstellung, deren Geheimnisse lange auf Mesopotamien und Ägypten beschränkt blieben, oder die Herstellung von Seide oder Porzellan.

Natürlich meint Fernhandel nicht zwingend und oft nicht einmal als Regel, dass ein einzelner Kaufmann in Konstantinopel aufbrach, um in China die hochbegehrte Seide zu beschaffen. Viele Fernhandelswaren wurden – gleichgültig, ob sie mit dem Schiff oder auf dem Landweg transportiert wurden – in Etappen gehandelt. An den wichtigen Verkehrsknotenpunkten, die oft über Jahrhunderte florierten, trafen sich die Kaufleute aus Ost und West, Nord und Süd und tauschten ihre Produkte.

Dennoch: Fernhandel durchbrach die Grenzen der bekannten Welt immer aufs Neue. Und er transportierte mitnichten nur Waren. Mindestens so wichtig waren das Wissen und die Ideen, die entlang diesen Routen vermittelt wurden, denn Kulturen waren nie völlig abgeschottet. Den Karawanen schlossen sich auch Missionare an, auf Schiffen reisten auch Pilger, und neugierig beobachtende Kaufleute brachten die Kunde von all dem Wundersamen mit, das sie auf ihren Reisen gesehen hatten.

Auch diesen Transfers geht der vorliegende Sonderband nach, den das Geschichtsmagazin DAMALS in bewährter Zusammenarbeit mit der Wissenschaftlichen Buchgesellschaft vorlegt. Natürlich kann es dabei nur um beispielhafte Ausschnitte gehen – schließlich reicht der Fernhandel zu Schiff und per Karawane mindestens 4000 Jahre zurück. Der vorliegende Band bricht an der Schwelle zur Neuzeit ab, die exponentielle Steigerung des Schiffsverkehrs im „Zeitalter der Entdeckungen" verdient eine eigene Betrachtung. Auch so wird aber deutlich, welch tiefe Wurzeln der heutige globale Austausch besitzt. So mag der Leser, der sich neugierig in diese – geographisch und zeitlich – fernen Welten versenkt, auch zu einem neuen Blick auf unsere heutige Situation gelangen.

Dr. Marlene P. Hiller
Chefredakteurin der Zeitschrift
DAMALS

Das beladene Kamel und der „barbarische" – also nicht-chinesische – Teilnehmer an einer Karawane wurden in einem Grab des tangzeitlichen China gefunden.

Holz, ganz besonders das hochwertige Zedernholz, war im Vorderen Orient zu allen Zeiten ein begehrtes Ex- bzw. Importgut. Verschifft wurden die ganzen Stämme. Die Reliefs, die man im Palast Sargons II. in Khorsabad (Irak) gefunden hat, vermitteln ein Bild davon, wie Holz für den Palast entladen wurde. Das neuassyrische Relief stammt aus der Zeit um 710 v. Chr., es befindet sich heute im Musée du Louvre, Paris.

Lapislazuli, Glas und Gold

Karen Radner

Der altorientalische Fernhandel weist eine erstaunliche Komplexität auf. Vor allem in der Bronze- und Eisenzeit existierten weitgespannte Verbindungen – von Indien oder Iran bis in den Mittelmeerraum und von Anatolien bis nach Afrika oder auf die Arabische Halbinsel. Mit Flößen und Eseln, Segelschiffen und Kamelkarawanen wurden die Massen- oder Luxusgüter transportiert, und oft begleitete ein reger Briefverkehr die Transaktionen.

Die Geschäfte des Duri-Assur

In den Jahren 1990, 2000 und 2001 fanden deutsche Ausgräber in den Ruinen eines Wohnhauses in Assur (akkadisch: Aschschur) das Geschäftsarchiv eines Mannes namens Duri-Assur. Aus diesen mit Keilschrift beschriebenen Tontäfelchen wissen wir, dass er in der zweiten Hälfte des 7. Jahrhunderts v. Chr. regelmäßige Handelsoperationen im Gebiet nördlich von Assur durchführte, die er zusammen mit seinen drei Partnern organisierte. Die Männer bezeichnen einander als „Brüder", aber ob und gegebenenfalls wie sie miteinander verwandt waren, ist uns nicht bekannt. In derartige Handelsunternehmungen investierten zahlreiche private Klein- und Kleinstanleger: Obwohl durchaus auch höhere Summen belegt sind, liegen die eingezahlten Beträge meist im Bereich von wenigen Schekeln Silber, oft sogar von Bruchteilen von Schekeln – ein Schekel Silber entsprach zu dieser Zeit gut dem Monatsgehalt eines ausgebildeten Facharbeiters (dies erinnert daran, dass es im 7. Jahrhundert n. Chr. möglich war, sich mit Beträgen von nur einem halben Golddukaten an den Karawanen von Mekka zu beteiligen). Handwerker und Funktionäre im Dienst des Tempels, Vertreter der Stadtverwaltung, Angehörige der Haushalte von Mitgliedern der Königsfamilie, die in Assur Residenzen unterhielten, und auch sehr viele Frauen beteiligten sich über Jahre als treue Kunden an den von Duri-Assurs Firma organisierten Geschäften: Die meisten tauchen immer wieder in den Geschäftsunterlagen auf.

Es fällt auf, dass die meisten der Frauen explizit als Ägypterinnen ausgewiesen sind. Der assyrische König Asarhaddon hatte 671 v. Chr. die Herrschaft über Ägypten der nubischen Dynastie entrissen und systematisch Soldaten, Wissenschaftler, Künstler und Handwerker aus Städten wie Memphis und Theben nach Assyrien umsiedeln lassen, unter anderem nach Assur, wo eine große Gemeinde von Exilägyptern nachzuweisen ist. Im ägyptischen Geschäftsleben waren Frauen alltäglich, auch als gleichberechtigte Vertragspartner, und wir können den Befund aus Assur sicherlich als Indiz dafür werten, dass die Ägypterinnen auch nach ihrer Umsiedelung – und oft noch Jahrzehnte später – ihre Geschäfte selbständig führten; die neue Umgebung machte offenbar nicht die Beteiligung eines männlichen Verwandten notwendig.

Im Auftrag Duri-Assurs, der die Geschäfte von Assur aus leitete, und seiner Partner, die in den Zielorten die Fäden zogen und Duri-Assur brieflich

Ein Blick in das Haus des Kaufmanns Duri-Assur: Die Ruinen wurden bei den Grabungskampagnen 1990 des Instituts für Vorderasiatische Archäologie an der Universität München und 2000/01 des Instituts für Ur- und Frühgeschichte an der Universität Heidelberg gefunden.

auf dem Laufenden hielten, reisten wenigstens vier Karawanenführer jeweils bis zu dreimal jährlich mit ihren Eseln den Tigris flussaufwärts. Ihr Reisegepäck umfasste neben Reiseproviant hauptsächlich Silber als Zahlungsmittel, aber auch Handelswaren in Form von Luxustextilien und Kleidungsstücken wie Kopfbedeckungen und Schuhen, die gleichzeitig als Packmaterial für die Metallbarren dienten. Reiseziel waren die anatolischen Weinanbaugebiete im Norden von Assyrien, wo Duri-Assurs Agenten Wein in großen Mengen ankauften. Für die Rückreise wurde dann nicht mehr der Land-, sondern der Wasserweg genutzt; die Esel verkaufte man zuvor in Anatolien. Als einmal drei kranke Esel das Vorankommen einer Karawane so sehr behindert hatten, dass man von einem anderen Händler einen Esel ankaufen musste, war Duri-Assur nicht glücklich über den wahrlich horrenden Preis von 56 Schekeln: Entweder erzielten Esel im Norden generell höhere Preise als in Assur (und die Rückreise auf dem Wasserweg erlaubte so ein zusätzliches Geschäft), oder Geschäftemacher benutzten eine Eselseuche, um die Preise hochzutreiben.

Mehr als zweieinhalb Jahrtausende später beschrieb der Orientalist Alois Musil den Einsatz von Flößen für den Handel zwischen Anatolien und dem Irak. Er führte 1912 im Dienst Kaiser Franz Josephs eine Forschungsreise im Osmanischen Reich durch und begegnete am Tigrisufer einer Gruppe von Reisenden. Einige der Flößer, die sich auf dem Rückweg von Bagdad befanden, hatten sich „für eine kurze Rast hingelegt ... Ihre Esel waren mit großen Behältern beladen, die mit Schläuchen aus gegerbtem Ziegenleder gefüllt waren. Mit diesen Schläuchen reisen die Flößer bis nach Kurdistan, wo sie Holz, Getreide, Wolle oder Butter kaufen. Aus dem Holz machen sie dann kleine Flöße und binden die aufgeblasenen Lederschläuche darunter. Mit den beladenen Flößen verschiffen sie sich dann den Tigris abwärts nach Bagdad, wo sie bis auf die Lederschläuche alles verkaufen. Die Schläuche laden sie wieder auf ihre Esel, die sie entweder mitbringen oder unterwegs ankaufen, und reisen wieder zurück, um aufs Neue mit den Kurden zu handeln."

In der islamisch geprägten Welt des frühen 20. Jahrhunderts war Wein nicht unter den Handelswaren aus Anatolien, in assyrischer Zeit war der Genuss von Wein jedoch nicht mit religiösen Tabus verbunden. Bis zum 8. Jahrhundert v. Chr. fand der Weinkonsum zwar ausschließlich im Rahmen königlicher Bankette und bei Tempelopfern statt, dann machte die Expansion nach Norden und Westen die Weinberge der Levante, Nordsyriens und Anatoliens aber zu einem Teil des assyrischen Reiches, und man trank Wein auch in privaten Haushalten; unter den wohlsituierten Bewohnern Assurs war das Trinken von Wein offenbar weit verbreitet.

Im Fall von Wein war der Transport mit Flößen die denkbar beste Vorgehensweise. Er wurde in Lederschläuchen aus Schaf- und Ziegenbälgen, gelegentlich auch aus Rinderhaut verpackt transportiert und erst am Bestimmungsort in Tongefäße umgefüllt. Die Weinschläuche wurden mit Holzstämmen – die in Assur als Dachbalken und zur Herstellung von Türen begehrt waren! – zu Flößen zusammengebunden und so im Wasser kühl gehalten. Diese Vorgehensweise hatte den Vorteil, dass auch das Transportmittel am Zielort als Handelsware verwertet werden konnte – es fiel keinerlei Müll an. Für den modernen Archäologen bedeutet die Methode aber, dass der assyrische Weinhandel archäologisch nicht nachzuweisen ist, ganz im Unterschied zum hellenistischen und römischen Weinhandel im Mittelmeerraum, für dessen Rekonstruktion die Amphoren, die in Ausgrabungen und als Ladung von Schiffswracks in großer Zahl gefunden werden, wichtige Anhaltspunkte geben. Ohne die Tontäfelchen mit den Details der Finanzierung und der Korrespondenz zwischen den Geschäftspartnern wüssten wir nichts über den Weinimport nach Assur – und die Vorliebe der Assyrer für anatolischen Wein: Ein besonderer Favorit war der Wein aus Izalla, einer Region an der Südflanke des Tur-Abdin-Gebirges an der Grenze zwischen Syrien und der Türkei, etwa 400 Kilometer von Assur entfernt gelegen.

Die Dienste der Firma des Duri-Assur ermöglichten den Einwohnern Assurs, gezielt und nach Bedarf Waren zu importieren. Dabei kam allen Beteiligten zugute, dass die Einwohner Assurs von allen Steuern befreit waren – ansonsten wären die Erträge durch Abgaben an den Staat gemindert worden. Obwohl die Spezialisierung auf den Weinhandel sicherlich typisch für diese Zeit und diesen Ort ist, fanden auf ähnliche Weise auch Güter wie Salz und Honig den Weg zum Endverbraucher: „Einkauf“ bedeutete, Waren zu bestellen, im Voraus zu bezahlen und dann auf die Lieferung zu warten; wir dürfen uns nicht von eigenen Eindrücken auf den Basaren des modernen Orients verleiten lassen, Ähnliches einfach auch für das alte Mesopotamien anzunehmen.

Die Fotografie von 1937 zeigt den archaisch anmutenden Transport von Getreide auf dem Tigris.

Die Zufälle der Überlieferung

Unsere erste Fallstudie hat uns bereits mit der Wichtigkeit der Wasserwege für das altorientalische Handelsnetzwerk bekanntgemacht. Die Schifffahrt auf Euphrat und Tigris ist zentral für den Warenverkehr in Mesopotamien und im Süden, wo die beiden Flüsse durch eine Vielzahl von Kanälen miteinander verbunden sind, die einzige effiziente Transportform. Auf den Wasserwegen zwischen Babylon und Uruk treiben, segeln, staken noch heute alle möglichen Arten von Flößen, Booten und Lastkähnen, die aus Holz, Leder, Schilf, Stroh und Bitumen hergestellt werden. Das Erdölprodukt Bitumen tritt an der Asphaltquelle von Hit am Euphrat (nahe der modernen Grenze zwischen Irak und Syrien) auf natürlichem Weg an die Oberfläche. Es ist die einzige Form von Öl, für die man im Alten Orient Verwendung hatte; man benutzte es, um die Wasserfahrzeuge abzudichten. Man könnte daher argumentieren, dass das Erdöl Mesopotamien schon im Altertum reich machte: Sein Wohlstand beruhte auf Handel und dieser auf dem Umstand, dass die Region die Brücke bildete zwischen dem Mittelmeerraum und dem Handelsnetz des Persischen Golfs; auch Iran und Inneranatolien waren unmittelbar an die Handelsrouten in den Ebenen angeschlossen, weil die Flüsse Mesopotamiens dort entspringen.

Unser Beispiel aus Assur hat uns aber auch gezeigt, wie sehr unsere Kenntnis der altorientalischen

Handelstätigkeit von den Zufällen der Dokumentation und der Archäologie abhängig ist. Und obwohl die geographischen und klimatischen Verhältnisse bestimmte Routen und Siedlungen durch die Zeiten als Dreh- und Angelpunkte des Fernhandels prädestinieren, sind es doch kulturspezifische Elemente, die bestimmten, wer was mit wem und wie handelte: So importierten die Assyrer massenweise Wein aus Anatolien, während diese Handelsware in der islamischen Welt keine Rolle mehr spielte; und dass Frauen in die Finanzierung des Weinhandels so prominent involviert waren, war Resultat der Anwesenheit einer ägyptischen Gemeinde in der Stadt Assur.

Schon im vorkeramischen Neolithikum lassen sich im Vorderen Orient weiträumige Handelsbeziehungen nachweisen. Besonders viel Aufmerksamkeit hat die Forschung seit den 1960er Jahren dem Handel mit Obsidian zukommen lassen, einem schwarzen vulkanischen Glas, das in den Jahrtausenden vor der Verwendung von Metallen von zentraler Bedeutung für die Herstellung von Werkzeugen und Waffen war. Obsidian war längst nicht das einzige Handelsgut der Steinzeit, hat aber den Vorteil, dass jedes Obsidian-Vorkommen über einzigartige Charakteristika verfügt, weswegen sich durch die chemische Analyse der enthaltenen Spurenelemente die Herkunft jedes Obsidianstücks ermitteln lässt. Wir können folglich sicher sein, dass zumindest seit dem zehnten vorchristlichen Jahrtausend regelmäßig Handel mit Obsidian aus Bingöl in Inneranatolien über Hunderte von Kilometern hinweg mit Mesopotamien und in die Levante getrieben wurde.

Erst viele Jahrtausende später, seit dem dritten vorchristlichen Jahrtausend, kommen zu den archäologischen Quellen die Informationen aus Keilschrifttexten hinzu. Obsidian spielt zu dieser Zeit keine Rolle mehr – wir befinden uns nun in der Welt der Frühbronzezeit, und die wichtigsten Handelsgüter sind Kupfer und Zinn, die beiden Metalle, aus denen die Legierung Bronze hergestellt wird. Nirgendwo gibt es an ein und demselben Ort Kupfer- *und* Zinnlagerstätten, weswegen für eine Gesellschaft, deren wichtigster Werkstoff Bronze ist, der Fernhandel unumgänglich ist. In Mesopotamien gibt es keinerlei Metallvorkommen (auch Stein und Bauholz mussten importiert werden), doch seine geographische Lage – zwischen den beiden wichtigsten Kupferlagerstätten im Oman und auf Zypern sowie im Einzugsgebiet der Zinnminen Innerasiens – machte es in der Bronzezeit zu einem idealen Zwischenhändler.

Die Welt der mesopotamischen Frühbronzezeit, in die wir durch die Keilschrifttexte nun Einblick gewinnen, reicht von Anatolien bis an den Indus und ist doch nur ein Ausschnitt aus dem riesigen Netzwerk von Handelsrouten, das Afrika, Europa und Asien verbindet. Mesopotamiens politisches Zentrum lag im 3. Jahrtausend v. Chr. in den bereits beschriebenen Kanalsystemen im heutigen Südirak, und die Tontafeln der Verwaltungsarchive und die Steinmonumente, auf denen die Herrscher ihre Taten verewigten, verraten uns die Namen, mit denen die Menschen von Sumer und Akkad die Länder ihrer Handelspartner bedachten: Anatolien heißt Subartu, was schlicht „Nordland" bedeutet; ebenso simpel ist die Bezeichnung für Syrien und die Levante: Amurru, „Westland"; der Iran ist dagegen Elam, zu Deutsch „Hochland". Andere Regionen des Handelsnetzwerks können nicht so einfach eingedeutscht werden: Die Insel Bahrain bezeichneten die Mesopotamier als Dilmun (sie galt ihnen als paradiesischer Ort), Oman an der Südostspitze der Arabischen Halbinsel nannten sie Magan, und die reiche Zivilisation entlang dem Indus in Pakistan und Nordwestindien war unter dem Namen Meluchcha bekannt.

Schiffe nach Dilmun, Magan und bis zum Indus

Während die Reisen ins Nord-, West- und Hochland mit Eselskarawanen und Flößen durchgeführt wurden, auf dieselbe Weise, wie es uns die Texte des Duri-Assur für das 7. Jahrhundert v. Chr. und Alois Musils Bericht für das 20. Jahrhundert illustriert haben, müssen wir uns der 2500 Kilometer langen Route durch das Rote Meer über Dilmun und Magan nach Meluchcha etwas genauer widmen. Die Seeleute folgten immer der Küste, von den damaligen Hafenstädten wie Ur und Lagasch entlang der Arabischen Halbinsel, bis sie an der nur 30 Kilometer breiten Meerenge von Hormus an die persische Küste überwechselten, der die Schiffe dann bis an die Mündung des Indus folgten. Die Küstenlinie diente der Orientierung, und der Sternenhimmel mag den Seeleuten hilfreich gewesen sein, war aber nicht unerlässliches Hilfsmittel – erst die phönizischen und griechischen Seefahrer des frühen 1. Jahrtausends v. Chr. wagten sich mit Hilfe der Sterne auch in die küstenfernen Gebiete des Mittelmeers vor und machten sich so als Hochseeschiffer vom Land unabhängig. Für die frühe Küstenschiffahrt im Persischen Golf verwandte man jedoch ganz ähnliche Schiffe – ausgestattet mit Segeln und Ruderern – wie die späteren Hochseeschiffe.

Ob sie zu Wasser oder zu Land unterwegs waren, die Reisenden nutzten keine Karten, sondern Itinerare, Listen von Orten und Landmarken, die nacheinander angesteuert werden mussten; oft enthielten sie Angaben über Wegzeiten oder Entfernungen (mit der zunehmenden Popularität von Satellitennavigationssystemen gewöhnen wir uns heute wieder an diese praktische Form der Orientierung). Das Itinerar war im Gegensatz zur graphischen Darstellung einer Landkarte zweckgebunden und gab nur einen möglichen Weg von A nach B an. Der Reisende griff normalerweise auf sein Gedächtnis zu-

Der qualitätvolle Schmuck aus Gold, Lapislazuli und vermutlich Jaspis datiert in das 14./13. Jahrhundert v. Chr. Er stammt aus Assur und befindet sich heute im Vorderasiatischen Museum Berlin.

rück, auch wenn einzelne Itinerare im Textmaterial überliefert sind, und wer seinen Erfahrungshorizont überschritt, heuerte einen ortskundigen Führer an. Während auf der Handelsroute durch den Persischen Golf eine Vielzahl an Luxusgegenständen, unter anderem Textilien, Gold- und Lapislazulischmuck sowie Karneolperlen, verschifft wurde, hatten Mesopotamien und die Induszivilisation stärkstes Interesse an Kupfer aus Magan; über die Händler vom Indus erreichte Mesopotamien auch Zinn, dessen genauer Ursprung bisher aber ungeklärt ist.

Handelskontakte sind immer auch Kulturkontakte, und nach Ausweis der Keilschrifttexte gab es in Mesopotamien Siedlungen von Indusleuten. Über die Natur dieser Ortschaften wissen wir aber sehr wenig: Waren es Handelsniederlassungen mit ständig wechselnden Bewohnern oder Kolonien mit permanenten Siedlern? Die Induszivilisation bleibt für uns heute trotz eindrucksvoller Grabungsbefunde noch immer ein Rätsel, und dies liegt auch daran, dass diese komplexe Gesellschaft sich einer Schrift bediente, die bis heute nicht entziffert werden konnte. Die Sprache der Indusleute muss sich von den in Mesopotamien gesprochenen Sprachen, dem Sumerischen und dem semitischen Akkadischen, aber grundlegend unterschieden haben, denn wir wissen, dass der Einsatz von Dolmetschern zur Verständigung notwendig war.

Wenn wir in der berühmten Inschrift eines mesopotamischen Siegesmonuments lesen, dass Sargon, König von Akkad, um 2300 v. Chr. „die Schiffe von Meluchcha, Magan und Dilmun im Hafen von Akkad hat ankern lassen“, dann muss uns klar sein, dass nicht nur die Wirtschaft seines Landes, sondern auch die Ausrüstung seiner siegreichen Armee von der Aufrechterhaltung dieser Handelsbeziehungen abhängig war. Und dennoch: Im Lauf des 2. Jahrtausends v. Chr. wurde die Route an den Indus immer weniger genutzt und schließlich um 1600 v. Chr. ganz aufgegeben; die Induskultur endete, und Südmesopotamien verlor seine politische Vormachtstellung an den Norden. War aber das Zusammenbrechen der Handelsverbindung Ursache oder Resultat dieser Ereignisse? Wurde die Route aufgegeben, weil die Kupfervorräte im Oman zur Neige gingen? Die Keilschrifttexte geben uns darüber keinen Aufschluss; aber sie zeigen uns, dass von nun an zyprisches Kupfer die Märkte des Vorderen Orients dominierte – und Mesopotamien fortan verstärkt den Kontakt mit dem Mittelmeerraum suchte.

Der Weg ins Innere Anatoliens

Bevor wir uns dem Handelsnetz der Spätbronzezeit zuwenden, wollen wir einen Blick auf die am besten bekannte Teilstrecke im mittelbronzezeitlichen Fernhandelsnetz werfen, die von Assur in die Gegend des Großen Salzsees in Inneranatolien führte. Heute sind die Aktivitäten der „altassyrischen“ Kaufleute des 19. Jahrhunderts v. Chr. die berühmtesten Handelsunternehmungen des Alten Orients, doch liegt dies einmal mehr an den Zufällen der Archäologie. Seit 1926 wurden auf dem Siedlungshügel von Kültepe unweit der türkischen Stadt Kayseri mehr als 20 000 Dokumente aus den Geschäftsunterlagen der Händler aus Assur ausgegraben, die im Schatten der anatolischen Fürstenstadt Kanisch eine ständige Handelsvertretung (assyrisch *karum*) eingerichtet hatten; ohne die Funde aus Kültepe wüssten wir kaum etwas von den assyrischen Aktivitäten am Halys, denn in der Stadt Assur wurden bislang keine Archivmaterialien aus dieser Zeit entdeckt. Die offiziellen Bauinschriften der Herrscher des Stadtstaats deuten zwar an, dass Assur sich den südmesopotamischen und iranischen Kaufleuten durch die Gewährung von Steuerprivilegien als Handelsumschlagplatz schmackhaft machen wollte, doch nur durch die Keilschrifttexte aus Kültepe wissen wir, dass diese Strategie großen Erfolg hatte.

Durch den Abschluss zwischenstaatlicher Abkommen gelang es Assur, sich in Anatolien ein Monopol für den überaus einträglichen Textilhandel zu sichern. Dies, und nicht der Handel mit Zinn, an dem auch andere Händler – etwa aus der syrischen Stadt Ebla – beteiligt waren, ist das Geheimnis des durchschlagenden Erfolgs der assyrischen Kaufleute. Ihre Handelsaktivitäten sind ein gutes Beispiel für die Verquickung von staatlichen und privaten Interessen. Der Staat – der Fürst (nicht König) von Assur und die Stadtversammlung – profitierte an jedem Geschäft durch die Erhebung von Steuern, doch die privaten Firmen operierten unter dem Schutz der zwischenstaatlichen Verträge, die ihre Tätigkeit erst möglich machten. Die durch die Vertragswerke gewährten Privilegien wurden eifersüchtig gehütet, und das Eindämmen der Aktivitäten von Schmugglern und fremden Kaufleuten ist immer wieder Thema für die Vertreter der Stadt Assur und ihre Vertragspartner, die anatolischen Fürsten und gelegentlich auch Fürstinnen, die sich ihre Kooperation durch die Besteuerung aller assyrischen Karawanen mit fünf Prozent und durch ein Erstkaufsrecht durchaus einträglich abgelten ließen.

Wir dürfen nicht vergessen, dass die Assyrer in Anatolien einen finanzkräftigen Abnehmermarkt vorfanden, ohne den ihre Handelsaktivitäten nicht hätten stattfinden können. Dass Kunden ohne Geld eben keine Kunden sind, illustriert ein etwas jüngerer Brief aus der babylonischen Handelsmetropole Sippar, in dem zwei Kaufleute ihrem Herrn in frustriertem Ton von einer fehlgeschlagenen Handelsreise an den Mittleren Euphrat berichten: „Wie du uns aufgetragen hast,

In Kültepe (nahe dem heutigen Kayseri, Türkei) fanden Ausgräber das Viertel der assyrischen Kaufleute samt ihren Geschäftsunterlagen (hier ein Foto des Ruinenhügels von 1997).

Bei Transporten über Land setzte man im Vorderen Orient oft Kamele ein. Der Ausschnitt stammt von dem Schwarzen Obelisken König Salmanassars III. (858–824 v. Chr.), der in Nimrud (Irak) gefunden wurde und sich heute im British Museum in London befindet.

sind wir zur Stadt Jablia gereist, aber für das Öl gibt es dort weder Silber noch Getreide. Obwohl der Ausrufer Werbung gemacht hat, haben sie uns kein Getreide gegeben, und wir haben kein Silber empfangen." Im heutigen Grenzgebiet zwischen Irak und Syrien war Geld deutlich knapper als in Kanisch, was den Verkauf des guten mesopotamischen Sesamöls schier unmöglich machte, und das trotz des Einsatzes eines Marktschreiers!

Die Geschäftsunterlagen aus der Handelsstation in Kanisch dokumentieren über 70 bis 80 Jahre hinweg die Aktivitäten assyrischer Kaufleute; sie erlauben uns, die Mechanismen des Fernhandels zwischen Assur und Anatolien und seiner Finanzierung im Detail zu rekonstruieren. Die Texte informieren über die rechtlichen Grundlagen für die Etablierung langfristiger Geschäftspartnerschaften, die im Wesentlichen die Gründung von Handelsfirmen mit mehreren Eigentümern regeln, und für den Umgang mit abwesenden, zahlungsunfähigen oder -unwilligen Schuldnern. Die altassyrischen Kaufleute verwandten Schuldscheine, die nicht auf den Namen eines bestimmten Gläubigers ausgestellt waren, sondern von jedem eingefordert werden konnten, der die Urkunde vorlegte – eine wichtige Innovation, die den Handel entpersonalisierte und deshalb Geschäfte über weite Distanzen sehr vereinfachte.

Sobald die Finanzierung einer Handelsoperation gesichert und geregelt war, wurde die Karawane in Assur zusammengestellt. Ein Esel kann etwa 65 Kilogramm tragen, und die Tiere wurden mit Stoffballen beladen, in denen zusätzlich Zinn verpackt war. Die Ladung war stets in vier standardisierte Packen aufgeteilt, von denen die Esel zwei auf dem Rücken trugen und je einen auf jeder Seite. Pro Packen war in Anatolien eine fixe Steuer zu bezahlen, gleichgültig, woraus er im Einzelfall bestand. Mit ihren Treibern wanderten die Esel in kleinen Gruppen über eine Distanz von 1200 Kilometern von Assur nach Inneranatolien, wo neben der Zentrale in Kanisch an gut 15 weiteren anatolischen Fürstensitzen permanente assyrische Handelskolonien etabliert waren. Die Reise dauerte fünf bis sechs Wochen. War der Bestimmungsort der Waren erreicht, wurden sie verkauft; bei Zinn betrug die Gewinnspanne 100, bei Stoffen sogar 200 Prozent. Die assyrischen Kaufleute ließen sich in Silber und Gold auszahlen, das sie nach Assur zurückschickten; sie führten aber auch vor Ort Geschäfte durch und organisierten unter anderem den inneranatolischen Kupferhandel. Welche Handelsaktivitäten die Assyrer auch immer in Anatolien unternahmen, sie profitierten von ihrem gut etablierten Netzwerk an Händlerkolonien und Wegestationen und hatten deswegen ihren Mitbewerbern gegenüber einen entscheidenden Vorteil.

Die Keilschrifttexte aus Kanisch vermitteln uns auch ein buntes Bild vom Leben der Kaufleute, die weit entfernt von ihrer Heimatstadt oft jahre- oder jahrzehntelang im Dienst ihrer Familienfirmen deren Handelsinteressen vertraten. Viele assyrische Händler hatten neben der Ehefrau in Assur eine einheimische Nebenfrau in Anatolien – oder umgekehrt, was aber seltener der Fall war; dass die Frauen ihren Männern auf Reisen folgten, war unüblich. Die für unseren Geschmack komplizierten Arrangements mit einem doppelten Haushalt funktionierten, weil der jeweilige rechtliche Status der Frauen (und ihrer Kinder) schon bei der Eheschließung genau definiert wurde und weil sie normalerweise nicht am selben Ort ansässig waren. Viele Briefe illustrieren das Bemühen der Händler in Anatolien und ihrer Angehörigen in Assur, die Familienbande nicht abreißen zu lassen, und die oft berührenden Schreiben zwischen den Familienmitgliedern zeigen, dass das Unterhalten von Fernbeziehungen nicht erst den modernen Menschen vor Herausforderungen stellt.

Nicht jeder Kaufmann war in Anatolien erfolgreich. Ein Beispiel für einen, der auszog, sein Glück zu machen, aber Jahre später völlig verarmt nach Assur zurückkehrte, war Imdi-ilum, dem seine Frau und seine Schwester mit dem folgenden Brief erfolglos ins Gewissen zu reden versuchten: „Wir haben hier [in Assur] die Orakelfrauen, die Traumdeuterinnen und die Totengeister befragt: Der Gott Assur verwarnt dich! Das Silber liebst du, aber dein Leben missachtest du. So kannst du in der Stadt Assur keine Zustimmung finden. Sobald du diesen Brief liest, komm her, um dem Gott Assur ins Auge zu schauen und so dein Leben zu retten!" Die Distanz hatte aber auch Vorteile: Manche waren offenbar froh, den Verpflichtungen der Heimat entfliehen zu können, und tauchten in Anatolien unter, wie dieser Brief zeigt: „Vor dreißig Jahren hast Du die Stadt [Assur] verlassen. Bist jetzt hast Du uns nichts zukommen lassen; nicht einen Schekel Silber haben wir von Dir erhalten, ohne dass wir Dich jemals verärgert hätten. Unsere Briefe haben Dich mit jeder Karawane erreicht, ohne dass von Dir je eine Antwort gekommen wäre! Wir haben uns an Deinen Vater gewandt, aber auch da erhielten wir keinen Schekel von Dir. Mach Dich also auf und komm her! Falls Du wegen Deiner Verpflichtungen verhindert bist, überweise das Silber. Wir haben Dich nie erzürnt, aber Du hast uns nicht wie Ehrenleute behandelt. Mach Dich also auf und komm her, oder überweise das Silber! Wenn nicht, werden wir einen Brief des Fürsten [von Assur] und einen Rechtsanwalt schicken und Dich in der Handelsvertretung verächtlich machen!"

Handel mit Afrika und der Levante

Infolge politischer Umwälzungen in Mesopotamien verlor die Stadt Assur um 1800 v. Chr. ihre Unabhängigkeit. Die Aktivitäten der assyrischen Handelsleute in Anatolien gingen relativ rasch zurück – vor allem wohl, weil die günstigen Verträge zwischen dem Stadtstaat und seinen Partnern nicht mehr galten. So mussten die Handelsfirmen nun unter weitaus weniger idealen Bedingungen arbeiten, und die Aufrechterhaltung der Netzwerke war bald nicht mehr rentabel. Politische Entwicklungen, nicht etwa das Versiegen einer Rohstofflagerstätte, zerstörten die Grundlage des assyrischen Anatolienhandels.

Der internationale Fernhandel in der Bronzezeit kam aber trotz der Aufgabe einzelner Routen keineswegs zum Erliegen, dafür sorgte schon die Notwendigkeit, Zinn und Kupfer zu erwerben. Er verlagerte sich allerdings in neue Regionen. Wir haben bereits gesehen, dass mit dem En-

Die neuassyrische Bronzeplastik eines Mannes auf einem Kamel stammt aus Ninive (Irak; Ende des 7. Jahrhunderts v. Chr.; heute British Museum, London).

Die Tontafel mit einem in Keilschrift geschriebenen Brief des Tuschratta von Mittani an den Pharao datiert in die Amarna-Zeit (um 1350–1330 v. Chr.). Sie ist 30,7 Zentimeter hoch und befindet sich heute im Vorderasiatischen Museum in Berlin.

de des Handels durch den Persischen Golf eine stärkere Ausrichtung nach Westen einsetzte, durch welche die mesopotamischen Rohstoffbedürfnisse befriedigt wurden. Seit der Mitte des 2. Jahrtausends v. Chr. begannen Babylonien und Assyrien, die vorderorientalischen Königreiche der Spätbronzezeit, enge diplomatische Beziehungen zu Ägypten zu unterhalten. Die königlichen „Brüder" bildeten eine illustre Gesellschaft, der unter anderen auch der Herrscher des anatolischen Hethiterreichs angehörte, und ihre guten Beziehungen garantierten einen florierenden internationalen Handel. Geschützt durch Verträge zwischen den verschiedenen Staaten, die üblicherweise mit Heiratsallianzen zwischen den Herrscherhäusern abgesichert wurden (die Anrede als „Bruder" war deshalb mehr als eine höfliche Floskel), trieb man Handel mit Gold, Kupfer, Zinn, Edelsteinen, Kleidern und edlen Pferden – zu Wasser und zu Land, von Mykene bis in den Iran. Die reichen Geschenke, mit denen die Könige regelmäßig ihre Freundschaft bestärkten – sie werden in den Briefen der Königskorrespondenz von Amarna in Ägypten und Hattuscha in Anatolien aufgezählt –, zeigen nur die Spitze des Eisbergs. Die Ladung eines spätbronzezeitlichen Schiffes, dessen Wrack 1982 vor der Felsenküste von Uluburun in der Türkei entdeckt wurde, bestätigt das Bild und erlaubt uns einen genaueren Einblick, welche Güter um 1300 v. Chr. über weite Distanzen transportiert wurden. Die Fracht des 28 Meter langen Segelschiffs bestand aus Kupfer-, Zinn- und Glasbarren, Schmuckstücken aus Gold, Silber und Edelsteinen, Purpurstoffen, Aromata, Gewürzen und Öl, Elfenbein vom Elefanten und vom Nilpferd, Ebenholz und Straußeneierschalen.

Besonders interessant sind die 175 Glasbarren, welche die große Bedeutung von „Backofenstein", wie die Mesopotamier Glas nannten, für den überregionalen Handel der Spätbronzezeit eindrücklich illustrieren. Glas wurde besonders gern in blauer Farbe hergestellt, weil es als Ersatz für die raren und deshalb überaus wertvollen Edelsteine Lapislazuli und Türkis diente, und so ist die Mehrzahl der Glasbarren von Uluburun dunkelblau oder hellblautürkis, einige wenige Stücke sind auch gelb und violett. Trotz dieses Ersatzcharakters war Glas ein Luxusprodukt erster Güte, das der Elite vorbehalten war; es wurde entweder zur Dekoration in Form von Glasuren und Einlegearbeiten verwendet oder zur Erzeugung von Gefäßen und Schmuck. Wie wir aufgrund der Angaben in mesopotamischen Rezepturen wissen, war die Glasherstellung eine Geheimwissenschaft. In der Spätbronzezeit wurde die Technologie nur in Mesopotamien und Ägypten praktiziert, die dann ihre Nachbarn mit Glasrohlingen und Fertigprodukten versorgten. Wie die Technik von Mesopotamien, wo sie zuerst belegt ist, nach Ägypten gelangte, ist unbekannt, aber nachdem die örtlich verfügbaren Chemikalien Glas unterschiedlicher Färbung erzeugten, gab es keine direkte Konkurrenz: Das kobaltblaue ägyptische Glas (aus Natron) und das hellere mesopotamische Glas (aus Pflanzenasche-Alkali) waren beide im gesamten Mittelmeerraum und im Vorderen Orient überaus beliebt und wurden von den Abnehmern besonders gern zusammen weiterverarbeitet.

Geht man nach der Herkunft des Kombüsengeschirrs und der Anker und Gewichte, so waren das Schiff und seine Besatzung von einem Heimathafen an der östlichen Mittelmeerküste (vielleicht Ugarit) ausgelaufen. Die Ladung – das Beste, was Afrika und Vorderasien zu bieten hatten – hätte mit Leichtigkeit überall im Mittelmeerraum und weit darüber hinaus Abnehmer gefunden, da aber neben der Besatzung auch zwei Mykener an Bord waren, deren persönliche Besitztümer sie als Herren hohen Standes ausweisen, dürfen wir mutmaßen, dass das Ziel des Schiffes ein Hafen in der Ägäis war; ob die Männer Boten waren, die von einem fremden Fürstenhof zurückkehrten, oder ob sie unmittelbarer an der Handelsfahrt beteiligt waren, muss offenbleiben.

Den Afrikahandel mit seinen unermesslichen Reichtümern – Gold, Edelhölzer, Gewürze, exotische Tiere und ihre Produkte wie Elfenbein, Felle und Federn – direkt zu kontrollieren wäre für die mesopotamischen Herrscher der Spätbronzezeit eine utopische Vorstellung gewesen. Die assyrischen Könige des 8. und 7. Jahrhunderts v. Chr. aber machten dies zu einer zentralen Strategie ihrer Außenpolitik und konnten, wie am Beginn des Beitrages kurz angemerkt, diese nach der erfolgreichen Invasion von 671 v. Chr. auch in die Realität umsetzen.

Glas war ein hochwertiges Exportgut sowohl Ägyptens als auch Mesopotamiens. Der 11,3 Zentimeter hohe Flakon stammt aus dem Ägypten der Zeit Tutanchamuns (1333–1323 v. Chr.; heute Ägyptisches Museum Berlin).

Die ursprünglich braune Glasflasche wurde in einem Grab in Ur (Irak) entdeckt. Sie stammt aus kassitischer Zeit (um 1500–1200 v. Chr.).

Doch ist dies bereits eine völlig andere Welt: Wie zu Ende des 2. Jahrtausends v. Chr. das neue Material Eisen Bronze als bevorzugten Werkstoff abzulösen begann, so veränderte sich auch der internationale Handel. Die Notwendigkeit, sowohl Kupfer als auch Zinn zu erwerben, hatte die politischen Mächte des 3. und 2. Jahrtausends an einen Tisch gezwungen – kein Staat konnte für sich allein bestehen. Die Welt der Eisenzeit kannte diesen Zwang nicht mehr; Assyrien war der erste Staat Vorderasiens, der die politische Landschaft vom Mittelmeer bis Innerasien vollständig dominierte, andere folgten. Doch auch im Schatten der Großmächte florierte der Handel. Unabhängige Kleinstaaten, die den Großreichen militärisch nichts entgegenhalten konnten, erschlossen neue Routen, neue Verkehrsmittel und neue Märkte. Eine neue Art von Zusammenarbeit prägte den internationalen Handel, der aber weiterhin von zwischenstaatlichen Verträgen bestimmt war, die den Rahmen für alle grenzüberschreitenden Geschäftsaktivitäten vorgaben. Die wohl berühmtesten Händler dieser Zeit sind die Phönizier, doch auch die Araber mit ihren Dromedarkarawanen trugen dazu bei, dass Afrika und Asien immer mehr zusammenwuchsen.

Wenden wir uns also wie bereits am Anfang unserer Betrachtungen erneut den kosmopolitischen Großstädten der Eisenzeit und ihren reichen Bewohnern zu, die nach Luxusgütern aus aller Welt dürsteten. In Ninive versetzte im Jahr 675 v. Chr. der Tod eines Kaufmanns in königlichen Diensten den Hof Asarhaddons von Assyrien in einige Aufregung; der Mann war auf einer Auslandsreise von

Ninive (im Stadtgebiet des heutigen Mosul) war die dritte Hauptstadt Assyriens; seine Blütezeit erlebte es im 7. Jahrhundert v. Chr. Zu sehen ist ein Teil der restaurierten Stadtmauer mit dem Großen Tor.

den Soldaten, die unter seinem Kommando standen, ermordet worden. Selbst ein Reisender im Auftrag des mächtigsten Herrschers dieser Zeit begab sich in Todesgefahr, wenn er seine Heimat verließ, um einträglichen Handelsgütern nachzuspüren. Diese assyrischen Kaufleute des 1. Jahrtausends müssen wir uns eher als königliche Prospektoren und Entdecker im Stil eines Tudor-Abenteurers wie Sir Francis Drake vorstellen – mit ihren Zeitgenossen, den eingangs beschriebenen Weinhändlern, die innerhalb des assyrischen Reichsgebiets agierten, hatten sie wenig gemein. Sie befehligten, wie auch der ermordete Mann, stets ein militärisches Kontingent, das sie und ihre Handelswaren vor Gefahren schützen sollte. Die Waren, hinter denen sie her waren, waren unseren Quellen zufolge Rohstoffe und Pferde; Letztere waren von besonderer Bedeutung für die assyrische Armee, die sich zunehmend auf die Reiterei verließ.

Den Import von Luxusgütern hingegen überließ man spezialisierten Handelsherren, die unabhängig vom assyrischen König, aber doch mit großer Sensibilität für Assyriens politische Interessen, den Handel zu Wasser und zu Lande von Spanien bis Indien, von Zentralafrika bis zum Kaukasus in Schwung hielten. Besonderen Erfolg hatten dabei diejenigen, die neue Technologien meisterten oder neue „Verkehrsmittel“ erschlossen, durch welche das Meer befahren oder unwirtliche Landschaften überwunden werden konnten. Neben den phönizischen Hochseeschiffern sind hier vor allem die Araber zu erwähnen, die sich infolge der Domestizierung des Dromedars in der Lage sahen, Wüsten zu durchqueren. Die Wüstenkarawanen brachten Aromata und Gewürze auf der sogenannten Weihrauchstraße von Oase zu Oase durch die Arabische Halbinsel an den Mittelmeerhafen Gaza; dort wurde die Ware auf dem Landweg oder auf Schiffen weitertransportiert.

Der Weihrauch stammte aus dem Oman, der nun über die Landroute und nicht mehr, wie in der Bronzezeit, über den Persischen Golf an die internationalen Handelsrouten angebunden war. Weitere Kostbarkeiten wie Gewürze und Gold erreichten die Weihrauchstraße von Zentralafrika über die kurze Seepassage zwischen Äthiopien und dem Jemen. Im Gegensatz zu den kleinen Eselskarawanen, die durch bewohntes Gebiet reisten und in Siedlungen Rast machten, in denen sie sich versorgen konnten, benötigten die Wüstendurchquerungen eine äußerst aufwendige Logistik; und diese lohnte sich nur, wenn die Kamelkarawanen aus mehreren hundert Tieren und ebenso vielen Menschen bestanden: Wir müssen sie uns als mobile Städte vorstellen, mit riesigen Vorräten an Wasser und Lebensmitteln und Unmengen von Handelswaren, die aufgrund ihres unermesslichen Werts gut beschützt werden mussten. Ganze arabische Stämme waren mit der Durchführung solcher Karawanen beschäftigt, und ihr

König Asarhaddon (680–669 v. Chr.) führte Kriege bis an die Mittelmeerküste. Die Granitstele zeigt ihn, wie er die Besiegten am Nasenring führt: links einen nubischen Prinzen, rechts den König Baalu von Tyros (Fundort der Stele war Sendschirli; heute Vorderasiatisches Museum Berlin).

Das Vordringen der Assyrer bis zum Mittelmeer gibt die Szene auf dem Beschlag einer assyrischen Tempeltür (um 848 v. Chr.) wieder; der untere Ausschnitt zeigt die Eroberung der Stadt Hazazu in Nordsyrien.

Leben hatte mit dem der altassyrischen Händler des 19. Jahrhunderts v. Chr. wenig gemein. Außenseiter wurden durch Geschichten von geflügelten Schlangen, die das Land der Weihrauchbäume vor Eindringlingen beschützten, von dem Versuch abgeschreckt, die Wüstenroute auf eigene Faust zu bereisen, doch wäre diese ohne erfahrene Hilfe ohnehin kaum zu bewältigen gewesen.

Assyrien und die phönizischen Hafenstädte

Das beste Beispiel einer Symbiose zwischen einem mächtigen Weltreich und einer unabhängigen Handelsmacht ist die Beziehung zwischen Assyrien und dem phönizischen Stadtstaat Tyros. Dieser handelte mindestens seit dem 11. Jahrhundert v. Chr. mit Assyrien. Trotz der fortschreitenden assyrischen Expansion und obwohl Tyros seit der Mitte des 8. Jahrhunderts v. Chr. – als Assyrien die Wälder des Libanon mit dem für den Schiffbau unverzichtbaren Zedernholz in sein Reichsgebiet integrierte – von der Weltmacht wirtschaftlich abhängig war, behielt der Stadtstaat seine Unabhängigkeit bis zum Untergang des Reiches bei. Ganz im Gegensatz dazu wurde Tyros' nördlicher Nachbarhafen Sidon im Jahr 677 von den Truppen König Asarhaddons erobert; sein Gebiet wurde in eine assyrische Provinz umgewandelt, die Stadt in „Asarhaddonshafen" umbenannt; ihre wichtigste Aufgabe war nun, das nur 20 Kilometer südlich gelegene Tyros im Auge zu behalten.

Im Vergleich zu Sidon hatte Tyros zwar den Vorteil, auf einer kleinen Insel unweit der Küste zu liegen und nur durch Schiffe erreichbar zu sein; dennoch war die Stadt nicht uneinnehmbar, wie die Eroberung durch Nebukadnezar II. und später Alexander den Großen zeigt. Tyros war aber – anders als Sidon, das die assyrischen Auflagen in Bezug auf seine Handelsaktivitäten ignoriert hatte – ein loyaler Verbündeter Assyriens. Und beide Seiten profitierten davon, dass die Hafenstadt unabhängig, jedoch unter Berücksichtigung der assyrischen Interessen agierte. Verträge regelten diese Zusammenarbeit. Bruchstücke des Vertrags zwischen Asarhaddon und König Baalu von Tyros haben sich im königlichen Archiv von Ninive erhalten, und daraus erfahren wir, dass Tyros uneingeschränkten Zugriff auf das Holz des Libanon hatte und freie Fahrt in alle Mittelmeerhäfen unter assyrischem

Einfluss (zu dieser Zeit die gesamte Küste zwischen Adana und Gaza). Dass Tyros sich zum bedeutendsten phönizischen Zentrum entwickelte, das über das größte Handelsnetz verfügte, verdankte die Stadt der geschickten Ausnutzung dieser bevorzugten Stellung. Im Gegenzug erhielt Assyrien Anteile am Gewinn aus dem Handel. Ein assyrischer Interessenvertreter residierte am tyrischen Königshof und lenkte als einer der engsten Berater des Königs von Tyros die Geschicke der Stadt mit.

Mit der assyrischen Eroberung Ägyptens im Jahr 671 v. Chr. war ein zentraler Konfliktpunkt dieser so erfolgreichen Symbiose beseitigt, der den Afrikahandel betraf. Denn auf die sehr begehrten Güter aus Afrika konnten die phönizischen Kaufleute kaum verzichten, wollten sie ihre Kunden zufriedenstellen. Beide Seiten profitierten nun enorm von ihrer Zusammenarbeit: Die Schutzmacht Assyrien hielt Tyros im Osten den Rücken frei und partizipierte – ohne selbst ein Risiko eingehen zu müssen – durch Besteuerung an den reichen Gewinnen des Partners, der den Vorteil eines finanzstarken Abnehmermarktes hatte. Assyrien ersparte sich durch diese Arbeitsteilung zudem den Aufbau einer eigenen Hochseeschiffahrt; es legte sich keine militärische Flotte zu, und die phönizischen Siedlungen auf Zypern und weiter westlich im Mittelmeerraum konnten die Assyrer nur mit Schiffen der Phönizier erreichen: ein guter Schutz und zweifellos ein Antriebsmotor für die fortschreitende Kolonisierung, die allerdings – wie im Fall der altassyrischen Kaufleute des 19. Jahrhunderts v. Chr. – auch der Notwendigkeit entsprang, die Handelsinteressen in der Fremde permanent zu vertreten. Leider sind uns aus den phönizischen Siedlungen in Spanien, Nordafrika und den Inseln des Mittelmeers keine Briefe erhalten; das für die phönizische Alphabetschrift gebräuchliche Schreibmaterial Leder hält dem Zahn der Zeit weniger gut stand als der Ton der Keilschrifttexte, doch prägte das Leben der Kolonisten wohl eine ähnlich intensive Korrespondenz mit der Heimat, wie das bei den Assyrern in Kanisch der Fall war.

Eine ähnliche Abmachung wie mit Tyros gab es zwischen Assyrien und Arwad (Arados), einem phönizischen Stadtstaat nahe der modernen syrischen Stadt Tartus. Wie Tyros lag Arwad auf einer Insel vor der Mittelmeerküste, und auch am Hof seines Königs Ikkilu weilte ein assyrischer Interessenvertreter, der für Asarhaddon nach dem Rechten sah. Aus einem Brief dieses Agenten wissen wir, dass Arwad seine geographische Situation ausnützte, um den weiter im Süden gelegenen assyrischen Häfen die Geschäfte abzujagen: Seine Insellage machte Arwad besonders attraktiv für alle jene Handelsschiffe, die die von den Assyrern direkt oder indirekt kontrollierten Häfen meiden wollten. Der König von Arwad wird in dem Brief beschuldigt, die Schiffe potentieller Geschäftspartner der Assyrer gezielt ins Unglück zu stürzen, ganz im Gegensatz zu jenen, die mit ihm Handel treiben wollten. „Ikkilu lässt nicht zu, dass Boote zum Hafen des Königs, meines Herrn, weiterfahren, und hat das gesamte Handelsaufkommen auf sich umgelenkt. Dem, der zu ihm kommen will, ebnet er den Weg. Wer aber zum Hafen von Assyrien weiterfahren will, den tötet er und dem zerschlägt er sein Schiff." Weil aber auch Assyrer in Arwads Geschäfte investiert hatten und so direkt von Ikkilus Aktivitäten profitierten, musste Asarhaddons Agent nun um sein Leben fürchten. Das Beispiel illustriert das oftmals ge-

Zum Handelsnetz der mesopotamischen Kaufleute gehörte auch das elamitische Susa (Iran; hier Ziegelmauern von Häusern dieser Stadt).

Der in Keilschrift geschriebene Schuldschein wurde in Kültepe (Türkei) gefunden: Ein Mann namens Bazazu befragt einen anderen namens Ennum-Assur vor Zeugen über den Erhalt einer Ladung von Handelsgütern.

spannte Verhältnis zwischen Außenpolitik und Handelsbeziehungen; es zeigt auch, wie Geschäftsinteressen politische Zugehörigkeit (und jegliche Skrupel) vergessen lassen.

Die arabischen Wüstenkarawanen und die phönizische Hochseeschiffahrt überdauerten den Untergang des assyrischen Reichs am Ende des 7. Jahrhunderts; die Handelsherren arrangierten sich mit seinen Erben, insbesondere dem unter den Fürsten von Sais wiedervereinten Ägypten und dem neubabylonischen Reich. Auch als das persische Großreich diese Staaten im Lauf der zweiten Hälfte des 6. Jahrhunderts annektierte, bewahrten die Kaufleute mit ihrer spezialisierten Technologie ihre zentrale Rolle im Fernhandel – und ihre weitgehende Unabhängigkeit; sie garantierten weiterhin, dass sich zahlungskräftige Kunden mit Kostbarkeiten und Spezereien aus aller Welt versorgen konnten. Hinzu kamen die Aktivitäten privater Firmen, die – wie schon die Weinhändler von Assur – innerhalb der Reichsgrenzen, aber auch über sehr weite Distanzen (beispielsweise von Babylon nach Susa) Geschäfte machten. Die Komplexität der altorientalischen Geschäftsaktivitäten, sowohl was ihre Logistik als auch was ihre Rechtsgrundlagen betrifft, sollte uns davor bewahren, den Handel und die Händler der Bronze- und Eisenzeit zu unterschätzen; Waren wie Zinn, Glas, Edelhölzer, Weihrauch und Straußeneier mögen uns fremd erscheinen, die Vorgehensweise der Kaufleute mutet jedoch oft sehr modern und vertraut an, vor allem wenn uns Briefe – nach Goethe „die wichtigsten Denkmäler, die der einzelne Mensch hinterlassen kann“ – Einblick in ihre Beweggründe und Überlegungen gewähren.

Dr. Karen Radner
geb. 1972, ist Reader in Ancient Near Eastern History am University College London. Zum Thema veröffentlichte sie unter anderem „Traders in the Neo-Assyrian Period", in: J. G. Dercksen (Hrsg.), Trade and Finance in Ancient Mesopotamia. Leiden 1999; „Assyrische Handelspolitik. Die Symbiose mit unabhängigen Handelszentren und ihre Kontrolle durch Assyrien", in: R. Rollinger/Ch. Ulf (Hrsg.), Commerce and Monetary Systems in the Ancient World: Means of Transmission and Cultural Interaction. Wiesbaden 2004.

Güteraustausch in der klassischen Mittelmeerwelt

Wie Frösche um einen Teich

Michael Sommer

Griechen und Phönizier befuhren seit frühester Zeit als Seefahrer und Händler das Mittelmeer. Über die Jahrhunderte entstand so ein integrierter Wirtschaftsraum, der vom Schwarzmeergebiet bis zum Atlantik reichte – und mit dem „mare nostrum" der Römer schließlich sogar ein einheitlicher politischer Raum, den ein dichtes Netz von Straßen und Nachrichtenverbindungen durchzog und in dem überall dieselben Gesetze galten.

„Wir, die wir zwischen den Säulen des Herakles und dem Fluss Phasis leben, bewohnen einen kleinen Teil der Erde, wie Ameisen oder Frösche um einen Teich." So lässt Platon seinen Lehrer Sokrates im Dialog „Phaidon" den Siedlungsraum der Griechen zu seiner Zeit beschreiben, um das Jahr 400 v. Chr. Der Fluss heißt heute Rioni und fließt durch Georgien, die unruhige Republik am Fuß des Kaukasus. „Säulen des Herakles" nannten die Griechen die Meerenge von Gibraltar bzw. den Felsen von Gibraltar und den Berg Abyle im Gebiet des heutigen Ceuta. Einst hatte Herakles hier, auf der Suche nach den Äpfeln der Hesperiden, dem Atlas seine Last, den Erdball, abgenommen – so wollte es der griechische Mythos.

Sokrates' Worte erhielten dadurch besonderes Gewicht, dass sie am Tag seines Todes gesprochen werden. Der Dialog „Phaidon" spielt in den letzten Stunden des Philosophen, als er sich darauf vorbereitet, den Schierlingsbecher zu trinken. Es geht Platon um die letzten Dinge, um den Primat der ewigen Seele vor der begrenzten physischen Existenz des Menschen. Die Parabel vom Froschteich aber ist mitten aus dem Leben gegriffen: Besser kann man die mediterrane Küstenkultur von Griechen und Römern und die elementare Rolle, die das Meer für sie spielte, kaum auf einen Nenner bringen. Von der Iberischen Halbinsel bis zum Ostrand des Schwarzen Meeres reichte die *oikumene*, die zivilisierte Welt, in der man Griechisch sprach und teilhatte an dem, was diese Welt zusammenhielt: urbanes Leben, der Mythos und der unerschütterliche Glaube daran, dass menschliches Zusammenleben eine Angelegenheit war, die Männer – nur um sie ging es – in ihre eigenen Hände nehmen konnten. Eine Welt der Städte, von denen kaum eine weiter als 50 Kilometer vom Meer entfernt war, jenem Raum, der zugleich trennte und verband.

Zur Zeit Platons erschien den Griechen ihre mediterrane Welt überschaubar und vergleichsweise einheitlich. Nicht nur waren überall griechische Städte, *poleis*, sondern sie waren auch bestens miteinander vernetzt. Athen, die Heimatstadt von Sokrates und Platon, besaß auf seinem Territorium den größten Hafen des antiken Griechenland: Piräus. Hier legten täglich Schiffe an, die in großen Mengen Nahrungsmittel brachten, vor allem Getreide aus dem Schwarzmeerraum, daneben Wein

Der Handel mit Textilien spielte in der Antike vielerorts eine große Rolle. Das römische Marmorrelief aus der Mitte des 1. Jahrhunderts zeigt eine Verkaufsszene mit Tuchhändlern.

und Salzfisch. Es kamen aber auch zahllose andere Güter, vielfach Rohstoffe vom Rand der Mittelmeerwelt, die in Athen zu Fertigwaren verarbeitet wurden: Holz, Teer, Pech, Rötel (zur Herstellung von Keramik), Eisen-, Kupfer- und Zinnerz, Gold, Häute und Felle sowie – die wichtige menschliche Ressource – Sklaven. Auch Luxusartikel wie Papyrus, Elfenbein, Gewürze, Purpurstoffe und Möbel gelangten über den Piräus nach Athen.

Fernhandel im „Dunklen Zeitalter"

Als der Piräus boomte, hatten Güteraustausch und Seehandel für die Athener – und bei weitem nicht nur für sie – eine Bedeutung erlangt, die bis dato keine historische Parallele kannte. Eine ganze Stadt hing davon ab, übers Meer mit Getreide versorgt zu werden, das in weitentfernten Ländern angebaut wurde. Das Mittelmeer war zwar noch weit davon entfernt, ein integrierter Wirtschaftsraum zu sein, aber Vernetzung und Fernhandel hatten die unterschiedlichen Teile erstaunlich dicht zusammenrücken lassen – eine Art erste Globalisierungswelle war über die mediterrane Welt geschwappt.

Der geometrische Dekor des attischen Keramikgefäßes verweist auf seine Entstehungszeit um 735 bis 720 v. Chr. Auch während der sogenannten Dark Ages der griechischen Geschichte wurde Keramik über weite Strecken gehandelt.

700 Jahre zuvor, zu Beginn des „Dunklen Zeitalters" (um 1200 – 900 v. Chr.), sah diese Welt ganz anders aus: die Palastzentren der Spätbronzezeit, die zwischen Mykene und Mesopotamien die politische und ökonomische Landschaft beherrscht hatten – verschwunden; das Hethiterreich – kollabiert, seine Erbmasse unter einer Reihe von Nachfolgestaaten aufgeteilt; Ägypten – so geschwächt und mit sich selbst beschäftigt, dass es in Übersee kein Gewicht mehr besaß; der transmediterrane Fernhandel – praktisch zum Erliegen gekommen. Der Mittelmeerraum um und nach 1200 v. Chr. war fragmentiert und unübersichtlich: In Griechenland, Kleinasien und weiten Teilen der Levante hielten tribale Gruppen das Heft in der Hand, einst blühende Städte lagen in Trümmern, und fruchtbares Ackerland war zum Weidegrund für die Herden der Nomaden geworden. Die in der bronzezeitlichen Ägäis verbreitete Linear-B-Schrift geriet in Vergessenheit, technologisches Wissen schwand. Händler taten sich in einer solchen Welt schwer.

Doch wo Schatten ist, ist auch Licht. Entlang der Levanteküste, in Phönizien und im dem Mittelmeer zugewandten Teil Palästinas, im Bereich der „Pentapolis" der Philister, waren die Städte nicht zerstört oder wurden rasch wieder aufgebaut, oft größer und prächtiger als zuvor. Während die Städte im Hinterland Palästinas, das die Stämme Israels in Besitz genommen hatten, und in Innersyrien, das aramäischsprachige Stämme besiedelten, einer Welt der Dörfer und Hirtennomaden wichen, blieb die Küste, allen Umbrüchen zum Trotz, urban geprägt. Auf niederem Niveau zirkulierten weiterhin Güter im Raum zwischen Ägäis und Levante. Menschen aus Griechenland siedelten um 1100 v. Chr. an der Küste Kleinasiens und hielten den Kontakt zum griechischen Mutterland. Griechische Keramik aus dem 10. Jahrhundert v. Chr. fand sich im phönizischen Tyros und vor allem in den frühesten Schichten der Siedlung Al Mina an der Orontes-Mündung im nördlichen Syrien.

Die Tonwaren stammten überwiegend aus Euboia, einer dem griechischen Festland östlich vorgelagerten großen Insel, deren Bewohner früh die Initiative im Seehandel ergriffen. Keramik ist für Archäologen eine Quelle von einzigartiger Aussagekraft, weil sie verbreitet und langlebig ist. Vor allem lassen sich Entstehungszeit und -ort relativ genau bestimmen. Scherben haben folglich das Potential, Kontakte zwischen weitentfernten Orten zu dokumentieren, sie lassen obendrein in begrenztem

Umfang Aussagen über Intensität und Regelhaftigkeit des Austauschs zu. Zu dessen Bedingungen aber bleiben sie stumm: Welche Routen die Gefäße nahmen, wer sie transportierte, ob sie direkt oder über Zwischenstationen aus Euboia in die Levante gelangten – all das bleibt im Dunkeln bzw. der Vorstellungsgabe von Archäologen und Historikern überlassen.

Viel spricht in diesem Fall dafür, dass Zwischenhändler am Warenverkehr beteiligt waren. Die Keramik aus Euboia war gemischt mit Waren anderer Herkunft: Gefäßen aus Attika, Samos, Rhodos bzw. der Nordägäis – allesamt mögliche Zwischenstationen auf dem Weg nach Osten. Am Anbruch des „Dunklen Zeitalters" war vor allem Kreta nach Übersee hin orientiert und exportierte seine Keramik auf die benachbarten Inseln des Dodekanes und bis nach Zypern. Später klinkte sich außerdem Zypern in den Handel ein, sowohl mit der Levante als auch mit Kykladen, Dodekanes, Kreta und griechischem Festland.

Der ostmediterrane Fernhandel kam also nach der umfassenden Krise um 1200 v. Chr. nicht zum Erliegen, sondern suchte sich nur neue Bahnen. Statt auf direktem Weg zwischen großen Palastzentren zirkulierten Güter nun über lokale und regionale Netzwerke, die aber miteinander verzahnt waren. Über Zwischenstationen konnten Waren aber durchaus weite Wege zurücklegen. Das Volumen des Handels und die Qualität der gehandelten Güter waren wohl anfangs rückläufig, stabilisierten sich allerdings seit dem 10. Jahrhundert v. Chr. Auch Italien blieb locker mit der ostmediterranen Welt verbunden: Auf dem apulischen Vorgebirge Scoglio del Tonno bei Tarent fand man Importwaren aus der Ägäis, deren Chronologie vom 18. bis zum 11. Jahrhundert v. Chr. reicht. Vermutlich diente der Ort in der Bronze- und noch in der frühen Eisenzeit als Relaisstation zwischen Griechenland und Süd- bzw. Mittelitalien.

Mit der mykenischen Welt hatten vor 1200 v. Chr. auch andere Teile Italiens in Verbindung gestanden, namentlich Sizilien, die Äolischen Inseln und der Golf von Neapel. Vielleicht bildeten die bronzezeitlichen Kontakte die Initialzündung für soziale Umwälzungen auf der Apennin-Halbinsel, die dann in die Entstehung größerer ethnischer Verbände mündeten. In ihnen wiederum schälten sich allmählich Eliten heraus, die Importgüter nachzufragen begannen. So gab es auch in Italien lokale und regionale Handelsnetze, die vermutlich Verbindungen reaktivierten, die bereits in der Bronzezeit bestanden hatten. Funde aus der nordetrurischen Stadt Vetulonia weisen beispielsweise nach Sardinien. In Populonia, unweit des heutigen Livorno, wurde seit dem 9. Jahrhundert Eisenerz von der nahen Insel Elba verhüttet. Roheisen und Eisenprodukte nahmen von hier ihren Weg in andere Teile Italiens.

Das Tontäfelchen aus dem ersten Viertel des 6. Jahrhunderts v. Chr. zeigt einen Töpfer vor dem Brennofen. Gefunden wurde es in Penteskuphia bei Korinth.

Phönix aus der Asche

Als sich im 9. oder vielleicht schon 10. Jahrhundert v. Chr. die ersten Händler aufmachten, um mit kleinen Schiffen weitentfernte Küsten zu bereisen, brauchten sie im Grunde nur die vorhandenen kleinen Handelskreisläufe zu einem großen mediterranen System zusammenzuschweißen. Diese Rolle fiel den Phöniziern zu, deren Städte wie Perlen einer Kette an der levantinischen Küste aufgereiht waren: Arados, Byblos, Sidon und Tyros und noch ein Dutzend kleinere Siedlungen. Typischerweise lagen sie auf dem Festland vorgelagerten Inseln oder Halbinseln: Der Blick richtete sich nach Westen, übers Meer.

Wie Phönix aus der Asche, so erhoben sich diese Städte auf den Trümmern der bronzezeitlichen Welt. Jahrhundertelang waren sie großen Imperien tributpflichtig gewesen, die ihrer politischen und wirtschaftlichen Entwicklung enge Grenzen gesetzt hatten. Mit dem Kollaps der großen Reiche am Ende der Bronzezeit erhielten ihre Bewohner Hand-

lungsspielräume, die eine Dynamik ganz neuer Art entfachten. Erstmals schickten sich ganze Gesellschaften an, nicht von der Landwirtschaft, sondern in großem Stil von Handel und Gewerbe zu leben.

Als Erste bekamen den Wandel die Ägypter zu spüren. Um 1075 v. Chr. spielt eine Episode, die in der uns vorliegenden Form Fiktion ist, sich aber durchaus so oder ähnlich hätte zutragen können: Der Gesandte Wenamun schifft sich vom Nildelta aus nach Byblos ein, um von dort Holz zu beschaffen, aus dem ein neues Kultschiff für den Gott Amun gebaut werden soll – die Hölzer des Libanon, vor allem die Zeder, die noch heute die Fahne des modernen Staates ziert, waren in den baumlosen Flusstälern Mesopotamiens und Ägyptens besonders begehrt. Wenamun verschlägt es fast die Sprache, als der König von Byblos, Sekerbaal, als Gegenleistung die Lieferung ägyptischer Waren fordert. „Ich bin nicht dein Diener und nicht der Diener desjenigen, der dich schickte“, stellt Sekerbaal lakonisch fest, woraufhin Wenamun nichts übrigbleibt, als nach Ägypten zurückzusegeln und die Tauschgüter zu beschaffen.

Hatten sich die Herrscher von Byblos zuvor damit begnügt, dass der Pharao ihr Holz mit seiner Gnade bezahlte, so forderten sie nun ein materielles Quidproquo. Der asymmetrische Tausch zwischen dem Zentrum und der Peripherie eines Großreichs

wurde zum symmetrischen Handel unter Partnern, die einander auf Augenhöhe begegneten. Und bald hatten die Phönizier die besseren Karten, wenn sie mit ihren Nachbarn am Verhandlungstisch saßen: Die Bibel berichtet, wie König Salomo, als er seinem Gott den Tempel in Jerusalem errichtete, Hilfe von seinem „Bruder" König Hiram von Tyros erhielt. Hiram lieferte Material, stellte Arbeitskräfte zur Verfügung und vor allem Know-how. Als Gegenleistung erhielt Tyros von Salomo Lebensmittel, die man in der schnell wachsenden Inselstadt dringend benötigte. Wichtiger noch: Salomo trat Land an Tyros ab – den Grundstock für den Territorialstaat, den die phönizische Stadt auf dem Festland errichtete. Dafür durften sich die Hebräer an Handelsmissionen der Tyrer beteiligen, die sie bis nach Spanien (Tarschisch/Tartessos) und Ophir (Arabien, vielleicht sogar Afrika) führten.

Immer wieder sind es phönizische Herrscher, die geschickt die Reichtümer ihres Landes zu vermarkten wissen. Ähnlich wie in der Bronzezeit schildern uns die Texte den Königspalast als Mittelpunkt aller wirtschaftlichen Aktivitäten. Doch werfen Quellen wie das Alte Testament und der Wenamun-Bericht womöglich mehr Fragen auf, als sie beantworten: Die Chronologie ist verworren, und über die Frage, ob es überhaupt einen König Salomo gab, streiten sich die Gelehrten bis heute. Die Dokumente refe-

Homer zufolge wurde der Schweinehirt Eumaios einst von Phöniziern verschleppt… Ihn zeigt das Halbrelief aus der Mitte des 5. Jahrhunderts v. Chr. Die 16 Zentimeter hohe Tonskulptur befindet sich heute im Metropolitan Museum of Art in New York.

rieren keinen phönizischen Standpunkt, sondern die Position der Nachbarn. Immerhin dürfte außer Zweifel stehen, daß die phönizischen Städte sich um 1000 v. Chr. von den Großmächten emanzipiert hatten und zum Sprung nach Übersee ansetzten.

Dieser Befund lässt sich gut mit den archäologischen Zeugnissen aus der frühen Eisenzeit in Einklang bringen. Die materielle Kultur Zyperns, bis dato eine der Drehscheiben zwischen Ägäis und Vorderasien, verrät wachsenden phönizischen Einfluss. Levantiner scheinen sich sukzessive in den Güteraustausch mit der Ägäis eingeschaltet zu haben, wie die Funde von Salbgefäßen auf Rhodos nahelegen, die erst aus zyprischer, dann aus lokaler und schließlich aus phönizischer Herstellung stammen. Schließlich bezeugen Funde aus Elitengräbern auf Zypern (Salamis) und Euboia (Lefkandi), dass griechische Aristokraten Kontakte zur Levante pflegten. Umgekehrt tauchte griechische Importkeramik aus Euboia in Al Mina auf.

Auch phönizische Städte wurden dem assyrischen König Salmanassar III. tributpflichtig. Die auf einer Bronzetür seines Palasts dargestellte Szene zeigt, wie Tributgüter von den phönizischen Schiffen an Land gebracht werden (um 840 v. Chr.).

Dass es Handelsherren aus Phönizien und nicht aus Griechenland waren, die den lokalen Handel erneut zu einem großflächigen System vernetzten und somit den aktiven Part spielten, lassen die beiden homerischen Epen „Ilias" und „Odyssee" erahnen, in denen Phönizier eine prominente, wenngleich nicht ganz eindeutige Rolle spielen. Zwar gelten sie als Fabrikanten von Luxusartikeln, die ihren immensen Wert allein schon aus ihrer „sidonischen" Herkunft beziehen, andererseits aber auch als ausgebuffte Krämerseelen mit zweifelhafter Moral und starkem Hang zur Profitgier. Die Helden der „Ilias" wissen die von „sidonischen Frauen" hergestellten Gewänder aus edlen Stoffen ebenso zu schätzen wie das silberne Mischgefäß, das Achill bei den Leichenspielen für seinen Freund Patroklos als Kampfpreis aussetzte: „An Schönheit trug's den Sieg davon auf der gesamten Erde, denn Sidoner voller Kunstsinn hatten's schön gefertigt."

Wir erfahren aber auch, wie die Phönizier ihren Handel organisierten und welche Geschäftspraktiken zur Anwendung kamen. Der Schweinehirt Eumaios, der für Laertes, den Vater des Odysseus, arbeitet, erzählt dem Helden der „Odyssee" seine tragische Lebensgeschichte: Einst kamen Phönizier zu Schiff auf die Insel Syria, auf der Eumaios' Vater König war. Eine phönizische Sklavin lebte am Hof, die mit ihren Landsleuten einen raffinierten Fluchtplan ausheckte: Nachdem die Phönizier ein ganzes Jahr auf der Insel

verbracht hatten und feilschend ihre Waren abgesetzt sowie andere erhandelt hatten, raffte die Phönizierin im Haus des Königs einige Wertgegenstände zusammen, entführte den jungen Prinzen Eumaios, und alle machten sich davon. Schließlich verkauften die Händler Eumaios an Laertes.

Auch in einer anderen Episode spielt ein Phönizier Schicksal. Odysseus – der seine Identität vor Eumaios geheim hält – erfindet sich eine abenteuerliche Lebensgeschichte, die ihn bis an den Hof des ägyptischen Pharao führt: Dort habe ihn ein Mann überredet, mit ihm nach Phoinike (Phönizien) zu gehen, wo er Ländereien besitze. Nach einiger Zeit habe der Phönizier ihn eingeladen, als Kompagnon auf eine Handelsexpedition nach Libyen mitzukommen. Dabei hätten sie Schiffbruch erlitten, und er, Odysseus, habe sich an die Küste von Epirus (Nordwestgriechenland) gerettet.

Das Bild vom phönizischen Fernhandel gewinnt damit etwas schärfere Konturen. Die Kaufleute waren zugleich Seeleute; sie bildeten Gesellschaften, die gemeinschaftlich ein Schiff nutzten und sich um einen Anführer scharten, der Initiator und Organisator des Projekts war; vor allem kamen sie ohne die großen Organisationen von Tempel und Palast aus, die in der Bronzezeit das Handelsgeschehen wenn nicht monopolisiert, so doch dominiert hatten. Die Händler hielten sich relativ lange an den einzelnen Zwischenstationen auf, aber wohl kaum ein ganzes Jahr, wie es in der „Odyssee“ heißt. Während ihres Besuchs betrieben sie geldlosen Tauschhandel mit den Einheimischen. Die Grenzen zwischen Seehandel, Piraterie und Abenteurertum waren noch fließend. Ethnische Gesichtspunkte spielten bei der Zusammensetzung der Mannschaften offenbar kaum eine Rolle. Wir dürfen uns die Crews der kleinen Handelsschiffe, die im 9. und 8. Jahrhundert v. Chr. – der Zeit, als die homerischen Epen allmählich zu ihrer um 700 v. Chr. verschriftlichten Form fanden – unterwegs waren, getrost als bunt zusammengewürfelte Haufen vorstellen, anders als die Kaufmannshansen des europäischen Mittelalters, bei denen landsmannschaftliche Prinzipien im Vordergrund standen.

An fremden Küsten

Auch die frühesten „Kolonien“, die nun in dichter Folge entstanden, beherbergten eine multikulturelle Gesellschaft von Kaufleuten, die in der Fremde dem Glück nachjagten. Sich in Übersee niederzulassen hatte gegenüber der Existenz als reisender Kaufmann handfeste Vorzüge. Nicht nur tauschte man Risiko und Mühsal der Seefahrt gegen ein geruhsameres Leben an Land ein; vor allem kam man den Rohstoffquellen des Hinterlands und potentiellen Märkten für Fertigwaren ein gutes Stück näher. Rund um das Mittelmeer entstanden nun solche Pflanzstädte, die dem Fernhandel Auftrieb gaben und Händler aus dem Osten magisch anzogen – Bausteine einer kommerziellen Diaspora, die das Tor zu wirtschaftlich interessantem, vorerst aber noch fremdem Hinterland aufstieß.

Die Phönizier waren *die* Handelsherren des Mittelmeerraums. Das Halbrelief aus dem 2. Jahrhundert v. Chr. zeigt ein „Tarsus“ genanntes phönizisches Schiff aus Sidon (Libanon).

Einer dieser Umschlagplätze – die Griechen sprachen von *emporia* – war Pithekoussai (Ischia). Die „Affeninsel“, so die wörtliche Übersetzung, war seit etwa 770 v. Chr. Anlaufpunkt für Griechen, wiederum hauptsächlich Menschen aus Euboia, sie wirkte aber auch wie ein Magnet auf Levantiner, die sich hier mitten unter den Griechen niederließen. Von Phönizien, genauer: von Tyros, ging die Initiative zur Gründung einer dichten Kette von Kolonien im westlichen Mittelmeer aus: Karthago und Utica in Nordafrika, Motye (Mozia), Panormos (Palermo) und Solunt auf Sizilien, Nora, Sulcis und Tharros auf Sardinien, Toscanos, Málaga und Gadir (Cádiz) in Südspanien, Lixus in Marokko – um nur die

Lebensmittel transportierte man oft in Amphoren. Die griechische Vasenmalerei (um 480 v. Chr.) zeigt den Verkauf einer Amphore.

wichtigsten zu nennen. Sie alle waren Abbilder der Mutterstädte im Osten: Lage, Urbanistik, Architektur, Sprache und Kulte waren eng an die levantinischen Metropolen Tyros und Sidon angelehnt. Mit den Phöniziern kamen auch andere Einwanderer, Menschen aus Nordsyrien, Zypern, Israel-Juda, Kleinasien, der Ägäis und womöglich Ägypten. Vor Ort lebten Einheimische, die sich allmählich den Neuankömmlingen annäherten, vieles von ihnen lernten und oft vermutlich ihre Töchter mit ihnen verheirateten.

So war die koloniale Diaspora zwischen Italien und Atlantik weit davon entfernt, ein kulturell oder ethnisch einheitlicher Raum zu sein. Mit Leben erfüllt wurde er vielmehr von unzähligen Menschen, die unabhängig von ihrer Herkunft vom Wunsch nach einem besseren Leben angetrieben wurden. Und dieser Traum machte nicht halt vor kulturellen Schranken. Auch viele Griechen hatten gute Gründe, ihr Heil in der Fremde zu suchen. Der im 7. Jahrhundert v. Chr. schreibende Dichter Hesiod lässt sein lyrisches Ich im Lehrgedicht „Werke und Tage“ dem Sohn den Rat mit auf den Weg geben, die Erträge der Landwirtschaft durch Seehandel aufzubessern. Entweder, so der Vater, man verschifft die Produkte des eigenen Hauses mit einem kleinen Schiff in nahe Gefilde, oder man tut sich mit anderen zusammen, um mit einem großen Schiff entsprechend große Profite einzufahren.

Oft werden es wohlhabendere Männer gewesen sein, die andere Abenteurer um sich scharten, um der kargen Existenz zu entrinnen, die Griechenland dem Landwirt bot. Der Historiker Herodot berichtet von dem sagenhaften Reichtum, der dem Samier Kalaios in den Schoß fiel, als er mit Schiff und Besatzung von einem Sturm an die spanische Küste geworfen wurde. Da es ihn als Ersten in den fernen Westen verschlug, kehrte er mit ungeheuren Schätzen nach Samos zurück. Solche Erfolge werden Teilzeithändler wie Kalaios dazu inspiriert haben, gleich ganz den Sprung in die Fremde zu wagen. Seit dem späten 8. Jahrhundert wuchs die Bevölkerung des griechischen Mutterlands so sprunghaft an, dass ein demographischer Aderlass unausweichlich wurde: Mittellose nach Übersee zu exportieren schien ein probater Ausweg. Flucht vor Land- und Hungersnot in der Heimat und die Hoffnung auf Wohlstand, der in der Ferne lockte, gingen Hand in Hand und halfen, allfällige Bedenken zu überwinden. Auch hier galt: Die Auswanderer scharten sich um einflussreiche Einzelpersönlichkeiten, die dem Projekt die Richtung vorgaben; die Herkunft des Einzelnen war zweitrangig.

Am Ende stand Platons Froschteich: Um 600 v. Chr. war fast jeder Flecken entlang den mediterranen Küsten, einschließlich der Schwarzmeerküsten, von Phöniziern oder Griechen – bzw. den in ihrem Kielwasser Fahrenden anderer Herkunft – in Besitz genommen. Diese Welt war von vielfältigen Verbindungslinien durchzogen. Es gab Kontakte zwischen Tochter- und Mutterstädten, Gastfreundschaften, Gesandtschaften zu Orakeln und wichtigen Kultstädten, religiöse Feste und panhellenische Wettkämpfe, die Scharen von Athleten und Besuchern anzogen. Pilger, Söldner und natürlich seefahrende Händler – alle waren sie ständig in Bewegung.

Zumindest am Anfang war die Scheidewand zwischen griechischer und phönizischer Hälfte des Mittelmeers keineswegs so trennscharf und herme-

tisch, wie uns manche Quelle glauben machen möchte. Wenn das Buch Ezechiel des Alten Testaments den Fernhandel von Tyros einmalig plastisch ausmalt, muss man sich hüten, dahinter ein „staatliches“ oder gar ein „nationales“ Projekt zu vermuten: „Im Herzen der Meere liegt dein Gebiet. Vollendet schön schufen dich deine Erbauer. Aus Zypressenholz vom Berg Hermon bauten sie all deine Planken, eine Zeder vom Libanon nahmen sie, um auf dir den Mast zu errichten. Deine Ruder machten sie aus Eichen aus Baschan [im heutigen Jordanien], dein Deck aus Elfenbein und Eschenholz von den Inseln der Kittim [Kition auf Zypern]. Dein Segel war bunt gewebtes ägyptisches Leinen. ... Deine Ruderer stammten aus Sidon und Arados [beides große phönizische Städte]. Erfahrene Männer, Tyros, gab es bei dir. Sie waren deine Matrosen. Die Ältesten von Gubla [Byblos] und seine erfahrensten Männer kamen zu dir, um mit dir Handel zu treiben. ... Die Söhne von Arados und deine Mannschaft standen ringsum auf deinen Mauern und die Wächter auf deinen Türmen. Ihre Schilde hängten sie rings an deinen Mauern auf. Sie machten deine Schönheit vollkommen. Tarschisch [Südspanien] kaufte bei dir wegen der Fülle deiner Güter; Silber, Eisen, Zinn und Blei gaben sie für deine Waren. ... Viele Inseln standen als Kaufleute in deinen Diensten; als Abgaben brachten sie dir Elfenbein und Ebenholz.“

Was hier in eindringlichen Allegorien porträtiert wird, war nicht eigentlich eine Stadt, sondern eine Klasse von Fernhändlern, die in Tyros politisch das Sagen hatte, aber längst großräumig verflochten war. Jene Kaufleute, die wie Fürsten auftraten (Jesaja 23,8), waren Männer, die Verbindungen in alle Teilen der mediterranen Welt unterhielten, eine merkantile Oligarchie, die Multikulturalität bereits mit der Muttermilch eingesogen hatte.

Homo mercator

Fernhandel war ohne Frage ein gewichtiger Faktor beim Zustandekommen jener Mittelmeerwelt, die wir als „klassische“ Antike zu sehen gewohnt sind. Wir sollten also einen Moment innehalten, um zu versuchen, die Bedeutung, die Güteraustausch für die Menschen des Altertums hatte, zu ermessen und ansatzweise zu quantifizieren. Wir gehen heute selbstverständlich davon aus, dass Menschen sich in ihren Entscheidungen von wirtschaftlichen Zielsetzungen leiten lassen: Ein hoher Lebensstandard und materielle Sicherheit gehören zu den Dingen, die allgemein als erstrebenswert gelten. Um dies zu erreichen, handeln Menschen ökonomisch „zweckrational“ – wir arbeiten hart, um uns unseren Wohlstand leisten zu können. Arbeitskraft, Wohnraum, Güter, Dienstleistungen – für alles gibt es einen Markt, auf dem Angebot und Nachfrage über den Preis entscheiden. Das Marktprinzip wird zwar, wenigstens in westlichen Wohlfahrtsstaaten, durch den Staat, Steuern, Gesetze, Ethik und Moral abgeschwächt und in seinen Auswirkungen gemildert, im Großen und Ganzen aber gilt, dass es unseren Lebensalltag zu einem Gutteil bestimmt: Der moderne Mensch ist, nicht nur, aber auch, ein *homo oeconomicus*, der sich marktkonform verhält.

Wir neigen dazu, unsere eigenen Lebenserfahrungen auf Menschen vergangener Epochen zu

Das Mosaik aus Bardo (Tunesien) illustriert die Entladung eines Schiffes; es stammt aus dem 3. Jahrhundert.

Getreide zählte zu den wichtigen Ex- bzw. Importgütern. Auf der Wandmalerei aus dem Grab des Menna in Luxor (erste Hälfte des 14. Jahrhunderts v. Chr.) sieht man Ernteszenen, und tatsächlich war Ägypten eine der Kornkammern der Mittelmeerwelt.

projizieren. Damit aber gehen wir von falschen Voraussetzungen aus: Erstens ähnelten die Bedingungen, unter denen Phönizier, Griechen oder Römer lebten, eben nicht denen einer modernen Gesellschaft; zweitens ist die Frage, ob Menschen sich in gleichen Situationen immer ähnlich verhalten, ob Geschichte also von anthropologischen Konstanten beherrscht wird, zumindest offen. Seit der Nationalökonom Karl Bücher vor gut 100 Jahren behauptete, die komplexe Volkswirtschaft sei eine Errungenschaft der Neuzeit, während antike und mittelalterliche Gesellschaften auf den primitiveren Stufen der Haus- und Stadtwirtschaft verharrten, schwelt der Streit um die „Modernität" des antiken Wirtschaftens.

„Modernisten" (in der Tradition des deutschen Althistorikers Eduard Meyer) sind seither nicht müde geworden, auf Quellen zu weisen, die allesamt die Bedeutung von Märkten, Güteraustausch, Angebot und Nachfrage als Preisregulierungsmechanismen zu belegen scheinen. Sie zeichnen das Bild vom Mittelmeerbecken als einem integrierten Wirtschaftsraum, in dem reger Güteraustausch herrschte und das Gewinnstreben zahlloser Individuen nie versiegende Warenströme in Gang hielt – die wirtschaftliche Entsprechung zu Platons Froschteich sozusagen. Mit Recht verweisen sie darauf, dass nicht nur leicht zu transportierende hochwertige „Luxusartikel" die Runde machten, sondern in großem Stil auch das Massengut Getreide, mit dem namentlich die Metropolen Athen und Rom, aber auch zahlreiche andere Städte zu ihrer Blütezeit über beträchtliche Distanzen hinweg versorgt wurden.

Natürlich konnten sich die Einwohner einer Großstadt, wie es Athen im 6. und erst recht im 5. und 4. Jahrhundert v. Chr. war, nicht selbst mit Lebensmitteln versorgen. Die Stadt bevölkerten unzählige Menschen, die agrarisch nicht selbst produktiv waren. Aber auch die Bauern Attikas, das politisch zu Athen gehörte, produzierten nicht genügend Überschüsse, um die Stadt zu ernähren. Deshalb importierte Athen seit dem 6. Jahrhundert v. Chr. Getreide, vorwiegend aus dem Schwarzmeergebiet. Dessen Städte und deren Eliten wurden von Athen mit Ehrungen überhäuft, um günstige Konditionen für den Import herauszuholen. Außerdem richtete die Polis ein Gutteil ihrer diplomatischen und militärischen Initiative darauf, den Seehandelsweg durch die Dardanellen zu sichern. Vom Nachschub aus dem Schwarzen Meer abgeschnitten zu werden, bedeutete für Athen zweimal den politischen Bankrott: am Ende des Peloponnesischen Krieges (431 – 404 v. Chr.) und in der Frühphase der makedonischen Expansion, als Philipp II. Thrakien und die Meerengen unter seine Kontrolle brachte (seit 342 v. Chr.). Die Getreideversorgung war für die Stadt eine lebenswichtige Frage.

Entsprechend setzte man die politischen Prioritäten: Gesetze stellten den Export von Lebensmitteln unter Strafe und schufen Anreize für Importeure; in Athen ansässige Kaufleute durften Getreide nur im Piräus anlanden und mussten es dort auch weiterverkaufen; Aufseher überwachten den lokalen Handel und hatten die Aufgabe, Spekulation zu unterbinden; die Polis schließlich streckte ihre Fühler aus zu den getreidereichen Gefilden Zyperns, Ägyptens und Siziliens. Umgekehrt bot der Getreidehandel der Profitgier von Importeuren wie Produzenten ein schier grenzenloses Betätigungsfeld. Sie kauften den Markt leer, horteten Getreide und trieben so den Preis nach oben. Sie versuchten, dasselbe zu erreichen, indem sie Kartelle bildeten. Als gewiefter Geschäftsmann unterhielt Kleomenes von Naukratis, den Alexander zu seinem Statthalter in Ägypten bestellte, ein Netz von Informanten im Ägäisraum, um so Engpässe in der Getreideversorgung zum eigenen Vorteil ausnutzen zu können. Im geeigneten Moment kaufte er große Mengen der ägyptischen Ernte auf und verkaufte sie wenig später zu Wucherpreisen weiter.

Außerordentliche Gewinnmargen konnten auch Fernhändler erzielen, die als Spediteure ägyptisches Getreide nach Rom brachten. Augustus machte Ägypten kurz vor der Zeitenwende zur Provinz und verlieh der neuen Kornkammer des Reiches schon dadurch einen besonderen Status, dass er sie einem Präfekten aus dem Ritterstand unterstellte und Senatoren untersagte, das Nilland zu betreten. Auch andere Güter des täglichen Bedarfs sowie Luxuswaren strömten über den Hafen Ostia in die Hauptstadt des Römischen Reiches. Die Logistik des Transports übernahmen Privatleute. Der reiche Lebemann Trimalchio, einer der Protagonisten aus Petrons Roman „Satyricon“, ist literarische Fiktion; Modell dürften aber die zahlreichen Emporkömmlinge gestanden haben, die der wirtschaftliche Boom der Gründerjahre des Imperiums nach oben gespült hatte. Als Freigelassener hatte Trimalchio durch Handelstätigkeit ein sagenhaftes Vermögen erworben, das er später in Grundbesitz investierte. Den Gästen seines Gastmahls gegenüber prahlt er in ungeschliffener Rede: „Ich habe zu Handelsgeschäften Lust bekommen. Um euch nicht lange aufzuhalten: Fünf Schiffe habe ich gebaut, Wein geladen – und damals wog er Gold auf –, nach Rom geschickt. Es war, als hätte ich's bestellt: Alle Schiffe sind gekentert, Tatsache, kein Theater. An einem Tag hat Neptun dreißig Millionen geschluckt: Denkt ihr, ich hätte schlapp gemacht? Weiß Gott, mir

In der Darstellung des Dichters Petronius zeigt der Kaufmann Trimalchio mit aufwendig inszenierten Gastmählern, dass er das nötige Kapital besaß, um sich das Leben eines Aristokraten leisten zu können. Das Wandgemälde aus Pompeji zeigt eine erotische Szene.

Das Handelsschiff ist Teil eines Mosaiks in der römischen Kaiservilla Herculia in Casale (Sizilien; um 300).

ist dieser Schaden egal gewesen, so wie gar nicht geschehen. Ich habe andere machen lassen, größer und besser und einträglicher, so dass keiner da war, der mich nicht einen Leistungsmenschen nannte. Ihr wisst, ein großes Schiff kann Großes leisten. Ich habe wieder Wein geladen, Speck, Bohnen, Parfüm, Sklavenware. An diesem Punkt hat Fortuna [Trimalchios Gattin] ein gutes Werk getan; nämlich ihren ganzen Schmuck, die ganze Garderobe hat sie verkauft und mir hundert Goldstücke in die Hand gedrückt. Schnell kommt, was der Himmel will. Mit einer einzigen Fahrt habe ich zehn Millionen zusammengehamstert. Sofort habe ich alle Grundstücke eingelöst, die meinem früheren Herrn gehört hatten. Ich baue ein Haus, kaufe Knechte ein, Packtiere; was ich anfasste, setzte alles an wie eine Wabe" (Übersetzung von Wilhelm Ehlers).

Obwohl hier ohne Frage dick aufgetragen wird, macht der Text doch deutlich, was für Profite im Fernhandel lockten. Die Versorgung Roms war ein Bombengeschäft, und wer daran Anteil hatte, ging zwar ein hohes Risiko ein, das sich aber auszahlen konnte. Hinter den Fernhändlern und Spediteuren vom Schlag Trimalchios stand eine gewaltige Infrastruktur, die von Geldgebern über Häfen und Speicher bis hin zur *cura annonae* reichte, jener Behörde, die für adäquate Bevorratung der Hauptstadt mit Getreide und die Versorgung des städtischen Proletariats Sorge zu tragen hatte. In puncto Spekulantentum standen die Kreditgeber, die in Rom wie schon in Athen Fernhandel treibenden Kaufleuten „Seedarlehen" zu exorbitanten Zinssätzen gewährten, den Händlern in nichts nach. Verschiedene Berufsgruppen verdienten sich am unersättlichen Hunger der Hauptstadtbevölkerung eine goldene Nase.

Dennoch wäre es übereilt, der attischen oder römischen Wirtschaft das Etikett „modern" anzuhängen, gar einen antiken „Kapitalismus" am Werk zu sehen. Ein Freigelassener wie Trimalchio war zwar arbeit- und genügsam (immerhin ließ er seine Frau Fortuna ihren Schmuck versetzen), zielstrebig und risikofreudig, sobald er aber am Ziel war und ein hübsches Sümmchen eingefahren hatte, ließ er Sekundärtugenden, wie sie den ehernen Kern von Max Webers „protestantischer Ethik" ausmachen, mit Freuden hinter sich. Kein Bruder im Geiste des frühneuzeitlichen Unternehmers in Nordwesteuropa, vermehrte er sein Vermögen nicht, um es wieder zu investieren. Stattdessen setzte er sich als Großgrundbesitzer zur Ruhe, gab rauschende Feste und münzte so reales in symbolisches Kapital um: in Prestige und Status. Die „ursprüngliche Akkumulation" großer Mengen an Kapital, die Marx zur historischen Voraussetzung kapitalistischer Produktionsverhältnisse erklärte, konnte mit saturierten Unternehmern vom Typus Trimalchio in der Antike nicht stattfinden.

Hier setzen die sogenannten „Primitivisten" (wie Bücher und nach ihm Max Weber, der Wirtschaftswissenschaftler Karl Polanyi und der Althistoriker Moses Finley) mit ihrer Kritik an der „modernistischen" Deutung antiken Wirtschaftens an. Die einzelnen Menschen trieb nicht in erster Linie der Hunger nach immer mehr Kapital, sondern das Streben nach gesellschaftlichem Ansehen um. Für Trimalchio war sein Engagement im Fernhandel nur ein Vehikel, um Status zu erlangen, so parvenühaft sich dieser Versuch aus der Perspektive eines Aristokraten wie Petronius ausnehmen mag. Gesellschaften trieben Fernhandel, um ihren Bedarf an denjenigen Gütern zu decken, die sie nicht selbst produzieren konnten. Dass etwas anderes als die Landwirtschaft die materielle Grundlage eines Volkes sein konnte, wäre weder Griechen noch Römern vermittelbar gewesen.

So überrascht es nicht, dass Kaufleute im antiken Hellas und

Die Römer versahen ihr Herrschaftsgebiet mit einem aufwendigen Straßennetz. Heute noch sind zum Beispiel Teile der Mitte des 2. Jahrhunderts v. Chr. gebauten Via Egnatia zu erkennen, die – als östliche Fortsetzung der Via Appia – über den Balkan nach Konstantinopel führte.

Rom, ganz im Gegensatz etwa zum frühneuzeitlichen Europa, kein übermäßig hohes Ansehen genossen. In Athen waren die in Attika ansässigen Fremden, die Metöken, der wirtschaftlich bei weitem aktivste Teil der Bevölkerung. Im Imperium Romanum spielten dieselbe Rolle oft Freigelassene wie Trimalchio. Von ihren Elfenbeintürmen sahen die Philosophen der griechischen Klassik und ihre hellenistischen und römischen Epigonen auf all jene herab, die sich für ihren Lebensunterhalt um Lohn verdingten, darunter auch die Händler. Über Geldgier und Besitzstreben mokierten sich schon im 6. Jahrhundert v. Chr. der attische Gesetzgeber Solon und der aristokratische Dichter Theognis von Megara. „Die Landwirtschaft ist am besten, weil sie gerecht ist. Denn sie geht nicht auf Kosten der Menschen, ob die es nun wollen, wie im Handel und bei Lohnarbeit, oder ob sie es nicht wollen, wie im Krieg", heißt es etwa im Ersten Buch des fälschlich Aristoteles zugeschriebenen „Oikonomikos". Vom wirklichen Aristoteles stammt zwar eine rudimentäre Theorie der Preisbildung, Fernhandel ließ der Lehrer Alexanders des Großen aber nur gelten, wenn er dem politischen Imperativ, die Selbstversorgung der Polis wiederherzustellen, untergeordnet ist. Und in römischer Zeit hieß Cicero lediglich den Großhandel (*mercatura magna et copiosa*) gut, während der Detailhandel wie das Gewerbe „als schmutzig zu gelten hat". Von hier führt eine direkte Linie zu einem berühmten Satz des kanonischen Rechts, der wohl aus der Spätantike stammt, aber im europäischen Mittelalter noch beträchtliche Wirkung entfaltete: *homo mercator vix, aut nunquam potest DEO placere* (Der Kaufmann vermag selten oder nie Gott zu gefallen).

Edle Textilimporte aus dem Osten waren bei Damen der römischen Oberschicht sehr beliebt (das Fresko aus der Villa dei Misteri in Pompeji, um 50 v. Chr., zeigt eine Einweihungszeremonie in die dionysischen Mysterien).

In dem Ende des 2./Anfang des 3. Jahrhunderts erbauten römischen Theater in Bosra (Südsyrien) sind vielfältige Alltagsszenen dargestellt, so auch eine Kamelkarawane.

Ganz anders über die Bedeutung des Fernhandels dachten offensichtlich die Phönizier und ihre Erben im mediterranen Westen, die Karthager. Bereits Max Weber nannte sie das „erste Handelsvolk" der Weltgeschichte. Tatsächlich war ja im Fall von Tyros die Existenz einer ganzen Stadt auf den Fernhandel abgestellt. Während in Athen, Sparta und Rom Grundbesitzerklassen das Regiment führten, gab in den phönizischen Stadtstaaten eine Fernhändler-Oligarchie auch politisch den Ton an. In Karthago ging das vermutlich so weit, dass nur Kaufleute Vollbürger waren. Sie machten die Stadt zum Sachwalter ihrer kommerziellen Interessen. Das „Reich", das Karthago Zug um Zug im westlichen Mittelmeer errichtete, war darauf zugeschnitten, Rohstoffquellen mit Absatzmärkten zu verknüpfen – und damit dem British Empire der Moderne so unähnlich nicht. Roms Sieg über Karthago nach drei blutigen Kriegen war, überspitzt formuliert, auch ein Sieg des aristotelischen *zoon politikon* über den *homo oeconomicus*, der das phönizisch-punische Mittelmeer bevölkerte.

Auf zu neuen Ufern: Fernhandel jenseits der römischen Grenzen

Trotz alledem: Man machte es sich zu leicht, wollte man die Wirtschaft des nun römisch beherrschten Mittelmeerraums als primitiv abtun. Die Getreideversorgung Roms durch die Provinzen, besonders das fruchtbare Niltal in Ägypten, die fortgeschrittene Spezialisierung der mediterranen Landwirtschaft auf bestimmte, regionalspezifische Kulturen, die komplexe, teilweise auf mehrere Standorte verteilte Herstellungsweise von Fertigerzeugnissen – all das sind Indikatoren einer hochgradig arbeitsteiligen, vernetzt arbeitenden Ökonomie. Gewiss: Güteraustausch stehen in vorindustriellen Gesellschaften immer technologische Hürden im Weg. Beschränkte Transportkapazitäten, unzureichende Verkehrswege über Land, primitive Fortbewegungsmittel hemmten römische nicht anders als phönizische, griechische oder mittelalterliche Kaufleute. Doch schuf das römische Imperium politisch, rechtlich und administrativ eine Sphäre, die Mobilität in einer Weise begünstigte, die in der antiken Welt präzedenzlos war.

Vom Atlantik bis zum Euphrat galten dieselben Gesetze, hatte – im Normalfall – derselbe Herrscher das Sagen, durchzog ein dichtes Netz von Straßen in einheitlicher Bauweise das Land. Die römische Welt war, bei allen Unterschieden im Einzelnen, doch einheitlich – zusammengehalten weniger durch Zwang als vielmehr durch den Willen aller dazuzugehören: „Die Erde ist allen gemein" – dies rechnet der griechische Redner Aelius Aristides im 2. Jahrhundert n. Chr. den Römern hoch an und fügt hinzu: „Ihr habt die Tore der bewohnten Welt geöffnet ..., habt allen Menschen universell gültige Gesetze gegeben ..., habt die Ehe zwischen allen Völkern gestiftet und die Welt als einen einzigen Haushalt organisiert." Mag hier eine Menge wohlkalkulierten Überschwangs der Grundton sein – dass sich die Verhältnisse im Mittelmeerraum, das die Römer nun mit Fug und Recht *mare nostrum* (unser Meer) nannten, von Grund auf gewandelt hatten, kann niemand ernsthaft bestreiten.

Damit aber hatten die Kaufleute ihre Bedeutung als Türöffner weitgehend verloren. Die kommerziel-

Palmyra (Syrien) war ein zentraler Umschlagplatz im Fernhandel zwischen Ost und West. In meist zweisprachigen Inschriften an den Säulen der großen Kolonnadenstraße ehrten palmyrenische Kaufleute die mächtigen Scheichs, die die Karawanen beschützten (Ende 2./Anfang 3. Jahrhundert).

le Diaspora im Mittelmeerraum hatte sich selbst überlebt. Ein Trimalchio musste, um seine Güter transportieren zu können, kaufmännische und logistische Hürden nehmen, aber er war nicht mehr der Mittler zwischen fremden Welten, als der uns der phönizische Händler der Eisenzeit und noch der griechische Seefahrer in der archaischen Periode begegneten. Und doch gehörte der Kaufmann als Grenzgänger auch in der römischen Kaiserzeit noch längst nicht zum alten Eisen. Der Boom der imperialen Gründerzeit seit dem Ende der Punischen Kriege spülte eine zahlungskräftige Oberschicht nach oben, zu deren Selbstverständnis es gehörte, sich mit exotischen Luxusgütern zu umgeben. Wortreich etwa klagten im 1. Jahrhundert v. Chr. die Dichter Properz und Tibull über den exklusiven Geschmack der römischen Damenwelt: Am liebsten hüllten sich die Vertreterinnen des zarten Geschlechts in sündhaft teure *Tyriae vestes*, Gewänder aus chinesischer Seide, die im phönizischen Tyros mit Purpur gefärbt worden waren. Die feine Gesellschaft würzte ihre Speisen mit Spezereien aus dem Fernen Osten, die mit Gold kaum aufzuwiegen waren. Auf den Altären römischer Götter verbrannte man Weihrauch, das Harz des in der Arabia Felix (Jemen) wachsenden Weihrauchbaums.

Wie ein Schwamm sog die römische Mittelmeerwelt alles auf, was Importeure aus Indien, China und Südarabien herbeischafften. Der Güteraustausch mit diesen entlegenen Weltgegenden konfrontierte die Händler mit immensen logistischen Herausforderungen: Wüsten waren zu durchqueren, Gebirge zu überwinden, Ozeane zu durchfahren. Derlei Probleme ließen sich, wenn man weder Kosten noch Risiken scheute, lösen: Die Monsunpassage zwischen Arabien und Indien war bereits in hellenistischer Zeit entdeckt worden und ermöglichte den direkten Seeverkehr zwischen den ägyptischen Häfen am Roten Meer und dem Süden des Subkontinents. Karawanen durchquerten die Arabische Wüste und brachten auf der Weihrauchstraße Güter aus Südarabien über die nabatäische Stadt Petra bis ans Mittelmeer. In römischer Zeit, seit etwa 100 n. Chr., verlagerte sich der Handel mit Inner- und Ostasien von der Seeroute weiter nach Norden. Der Haupthandelsweg führte nun durch den Persischen Golf und Mesopotamien, mitten durchs Partherreich, das Rom in jahrhundertelanger inniger Feindschaft verbunden war.

Eine Schlüsselrolle spielte fortan die syrische Oasenstadt Palmyra. Sie lag auf halbem Weg zwischen Euphrat und Mittelmeer, in strategisch denkbar günstiger Position. Formal war Palmyra Teil der römischen Provinz Syria, Rom aber gewährte der Oase eine Autonomie, die im Imperium ohne Beispiel war. Die Stadt selbst, deren eindrucksvolle Ruinen sich bis heute bewundern lassen, war der urbane Kern einer Stammesgesellschaft, die weit in die Steppe ausgriff. Tribale Strukturen durchzogen die Stadtgesellschaft und verbanden sie mit den mobilen Teilen der Stämme, die als Hirtennomaden in der Steppe lebten. Die tribalen Eliten waren das Scharnier zwischen den Welten: Als Teilzeitnomaden verbrachten die Scheichs einen Teil des Jahres bei den Hirten, die als jederzeit mobilisierbare Reservearmee das militärische Rückgrat Palmyras waren.

Die Stammesführer schwangen sich alsbald zu Paten des transkontinentalen Fernhandels auf. Sie nutzten ihre Kontakte zu den Nomaden, um den Karawanen, die Palmyra nun in regelmäßigen Abständen von Osten her erreichten, sicheres Geleit durch die Steppe zu gewähren; und sie ließen ihre Beziehungen zum Partherreich spielen, in dessen Mitte sich bald Palmyrener niederließen, um von hier aus den Warenumschlag entlang von Euphrat und Tigris zu koordinieren. Auch im Partherreich bewahrten sich die Palmyrener bemerkenswerte Unabhängigkeit: In der Stadt Vologesias, unweit der parthischen Hauptstadt Ktesiphon in Mesopotamien, errichteten Kaufleute aus der Oasenstadt einen Tempel für den römischen Kaiserkult; zugleich war ein palmyrenisches Kontingent Bogenschützen in der bis 166 n. Chr. parthischen Grenzstadt Dura-Europos stationiert.

Die römisch-parthische Steppengrenze mit unberechenbaren Stämmen, grenzüberschreitenden kulturellen, politischen und vermutlich sogar familiären Banden und nicht zuletzt ihrem extremen Naturraum war ein Dickicht, in dem sich römische Staatskunst immer wieder verrannte, die Palmyrener aber mit traumwandlerischer Sicherheit agierten. Von den Gefahren und Schwierigkeiten, die es zu bestehen galt, unterrichten uns die Karawaneninschriften, die palmyrenische Kaufleute des 2. und 3. Jahrhunderts n. Chr. entlang der großen Kolonnade ihrer Heimatstadt aufstellten, um jene mächtigen Scheichs zu ehren, die sich um die Karawanen verdient gemacht hatten. Die meist zweisprachigen (griechisch-aramäischen) Inschriften sind einzigartige Zeugnisse einer Gesellschaft, die – wie die Phönizier in der Eisenzeit – mit dem Fernhandel weit mehr verband als nur die Beschaffung von Gütern. Für die Palmyrener war der Warenstrom aus dem Osten der Lebensnerv, dem die Oase ihren Aufschwung und womöglich ihr gesamtes urbanes Leben verdankte. Wie die Phönizier für die Assyrer, so war das Handelsvolk der Palmyrener für Rom eine „Funktionsethnie", die das Imperium mit Prestigegütern versorgte und im Gegenzug auf handfeste Privilegien hoffen durfte.

Die zweite große Grenze des Imperium Romanum lag im Nordwesten, an Rhein und Donau. Hier trennte der Limes die Provinzen vom freien Germanien, dessen Eroberung die Römer nach der Niederlage des Varus (9 n. Chr.) nur mehr sporadisch und ohne größere Ergebnisse verfolgten. Er war aber beileibe kein Eiserner Vorhang, sondern ein Grenzsaum, der für kontrollierte Bewegungen von Menschen, Gütern und Informationen durchlässig war. Römische Silbermünzen zirkulierten beiderseits des Limes und hatten denselben wirtschaftlichen Wert.

Mit Vorliebe nutzten die Römer im Rhein-Donau-Raum Flüsse für den Transport ihres Nachschubs. Auf der Trajanssäule in Rom ist ein Frachtschiff abgebildet, das vor einer palisadenbewehrten Stadt auf der Donau fährt (Gipsabdruck von 1861 nach dem Marmororiginal von 113).

Römische *negotiatores* (Händler) bewegten sich relativ ungehindert unter den Germanen, um ihre Waren feilzubieten: Feinkeramik, edles Metallgeschirr, Glaswaren, Waffen, aber auch Artikel des täglichen Bedarfs wie Eimer, Schöpfkellen, Siebe fanden jenseits von Rhein und Donau offensichtlich reißenden Absatz. Grabfunde dokumentieren, wie hoch sie bei den germanischen Oberschichten im Kurs standen. Im Gegenzug gelangten nach Rom so exotische Waren wie Bernstein und Frauenhaar, aus dem die Armee Stricke für ihre Katapulte anfertigen ließ. Vor allem waren es aber wohl Sklaven, Felle und Fleisch, die das Imperium aus Germanien bezog.

Auch in den Weiten zwischen Rhein und Weichsel waren die Qualitäten von Pionieren gefragt, die Brücken schlugen, Informationen sammelten und Verständigungsschwierigkeiten überwanden. Keiner war für solche Aufgaben besser geeignet als Veteranen der römischen Armee, die aus ihrer aktiven Zeit als Soldaten Land und Leute bestens kannten. So betätigte sich der ehemalige Zenturio Quintus Attilius Primus, dessen Grabinschrift in Ungarn gefunden wurde, als *interprex* (Dolmetscher) und *negotiator*, der mit den Quaden nördlich der Donau Geschäfte machte. Leute wie Primus, die vielleicht ursprünglich selbst aus Germanien stammten und durch ihren Dienst in den Auxiliarverbänden zu Römern geworden waren, versorgten die Verantwortlichen im Imperium auch mit Informationen über das „Barbaricum", über das man nur dürftige Kenntnisse hatte.

Die Mobilität von Gütern, Menschen und Waren brachte den Menschen, die daran Anteil hatten, große Vorteile. Während vom großräumigen Austausch weitgehend unberührte Gebiete wie Schwarzafrika südlich der Sahara, Australien und Amerika Wandel nur in sehr langsamen Rhythmen erlebten, machte der antike Mittelmeerraum zwischen 1200 v. Chr. und 500 n. Chr. eine stürmische Entwicklung durch, die seit der Zeitenwende auch periphere Räume wie den europäischen Nordwesten erfasste. Das römische Imperium, das den zum Froschteich geschrumpften Mittelmeerraum gut 600 Jahre lang beherrschte, zahlte aber auch einen hohen Preis: Da es Indien und China im Tausch für Luxuswaren wie Seide und Gewürze wenig anzubieten hatte, flossen beständig große Mengen an Edelmetallen dorthin ab – was in dem Moment zum Problem wurde, als die Bergwerke des Reiches nicht mehr für Nachschub sorgen konnten. Der permanente Kaufrausch römischer Oberschichtdamen mag deshalb seinen – freilich wohl bescheidenen – Teil zur Finanzkrise Roms im 3. Jahrhundert n. Chr. beigetragen haben.

Gravierender wirkte sich aus, dass die Stämme Germaniens durch den Kontakt mit Rom – den gerade auch der Handel vermittelte – in eine Phase beschleunigten Wandels eintraten, in dessen Verlauf hochmobile Völker in Waffen, die charismatischen Heerkönigen Gefolgschaft leisteten, allmählich die sesshaften Agrargesellschaften ablösten. Seit Markomannen und Quaden 166 n. Chr. zum ersten Mal gegen die römische Donaugrenze anbrandeten, bildeten sie eine große, auf Dauer nicht zu bestehende Herausforderung für die römische Staatskunst. In der – durch Fernhandel beschleunigten – Transformation der barbarischen Gesellschaft Nordwesteuropas liegt deshalb ein wesentlicher Schlüssel zum Verständnis des Zusammenbruchs, den die antike Mittelmeerwelt um 500 n. Chr. erlitt. Handel und Wandel kamen damals, wie schon um 1200 v. Chr., nicht vollständig zum Erliegen. Aber für weite Teile Europas brach, ebenfalls wie 1700 Jahre zuvor, ein neues dunkles Zeitalter an. Platons Froschteich war unwiederbringlich Geschichte.

PD Dr. Michael Sommer
geb. 1970, ist Research Lecturer in Ancient History an der School of Archaeology, Classics and Egyptology, University of Liverpool. Zum Thema ist von ihm unter anderem erschienen: Die Phönizier. Handelsherren zwischen Orient und Okzident. Stuttgart 2005; Der römische Orient. Zwischen Mittelmeer und Tigris. Stuttgart 2006; Die Phönizier. München 2008.

Die „Seidenstraße" als Handelsweg und mythischer Ort

Auf der Reise in eine andere Welt

Folker Reichert

Die Seidenstraße gilt als Symbol für die wirtschaftliche und kulturelle Verbindung Asiens mit Europa – und dies seit mehr als 2000 Jahren. Auf einem Netz von Straßen und Wegen wurden Handelsgüter befördert, Informationen getauscht und menschliche Kontakte ermöglicht. Steinerne Zeugen, die Kunstschätze in den Museen und die Berichte der Reisenden erzählen davon.

Im Jahr 166 erschien eine Gruppe von Kaufleuten aus dem Land Da Qin am chinesischen Kaiserhof in Luoyang. Sie erregte solches Aufsehen, dass ihr Auftritt in die offizielle Geschichtsschreibung der (östlichen) Han-Dynastie einging: „Die Könige dieses Landes wünschten immer mit Han in diplomatische Beziehungen zu treten, aber Anxi wollte selbst mit ihnen Handel in chinesischer Seide treiben, darum verhinderte es, dass ein unmittelbarer Kontakt hergestellt wurde. Aber im 9. Jahr der Periode Yenxi des Kaisers Huangdi schickte der König Andun von Da Qin von den Grenzen Jinans eine Gesandtschaft, die Elfenbein, Rhinozeroshorn und Schildpatt überreichte. So wurde die erste direkte Verbindung zustande gebracht. Was diese Leute an Tributen darbrachten, enthielt keine ungewöhnlichen Kostbarkeiten, es scheint deshalb, dass die Schilderungen von diesem Land übertrieben sind."

Als Da Qin bezeichneten die Chinesen ihr machtpolitisches Gegenstück, das Römische Reich am anderen Ende der Welt. Hinter dem Namen An-dun verbirgt sich kein Geringerer als der Kaiser Marcus Aurelius Antoninus, kurz: Mark Aurel. Die Reiche lagen so weit auseinander, dass man wenig voneinander wusste. Dafür sorgte auch Anxi, das Partherreich im heutigen Iran, das den lukrativen Zwischenhandel mit chinesischer Seide für sich reservieren wollte. Die Kaufleute aus dem Römerreich (wahrscheinlich waren es Griechen, Syrer, Ägypter oder Juden) konnten die Blockade der Parther über Indien und Annam (Jinan) in Südostasien umgehen und gaben sich als Gesandte Mark Aurels aus. Dadurch wurden sie in das Tributsystem einbezogen, mit dem das kaiserzeitliche China seine Auslandskontakte organisierte. Ihre eigenen Gaben waren zwar enttäuschend und nur Mitbringsel, die sie unterwegs eingekauft hatten. Aber im Gegenzug erhielten sie großzügige Geschenke, die die eigenen an Wert übertrafen, Seide vor allem. Der Vorteil für das Reich der Mitte bestand darin, dass sein traditioneller Hoheitsanspruch gegenüber allen Völkern und Reichen jetzt auch gegenüber Rom dokumentiert wurde. Deshalb schrieb man alles fein säuberlich auf.

Allerdings kam es zu keiner Wiederholung dieses direkten Austauschs, aus welchen Gründen auch immer. So wie der transkontinentale Handel jahrhundertelang funktioniert hatte – über Zwischen-

Die Darstellung oben stammt aus Marco Polos „Buch von den Wundern der Welt" und zeigt eine Karawanserei in Armenien.

händler –, so blieb es: Ostasien und Europa waren für ein weiteres Jahrtausend voneinander isoliert. Die Länder und Reiche, durch die die Handelswege führten, waren daher in europäischen Augen Orte der Wunder und Mythen.

Mythos Seidenstraße

Mit dem Namen der Seidenstraße verbinden sich Vorstellungen von hohen Gebirgen und endlosen Wüsten, von wagemutigen Kaufleuten und deren hochwertigen Waren. Der Begriff selbst ist nicht alt. Er stammt aus dem 19. Jahrhundert und geht auf den deutschen Geographen Ferdinand von Richthofen zurück, der zwischen 1868 und 1872 kreuz und quer durch China reiste, um im Auftrag europäischer und amerikanischer Firmen Geographie, Geologie und vor allem die Bodenschätze zu explorieren. Nach Deutschland zurückgekehrt, verfasste er ein monumentales Standardwerk, das auch eine historische Einführung in die „Entwickelung der Kenntniss von China" enthält. In diesem Zusammenhang erfand er den Begriff der „Seidenstraße", die er allerdings noch häufiger als „Sererstraße" bezeichnete. Damit bezog er sich auf das Volk der Serer, das im Weltbild der Antike den östlichen Rand der Erde bewohnte. Sein Name leitete sich von dem altchinesischen Wort für Seide her und ging über die griechische schließlich in die lateinische Sprache ein. Die Serer waren also die „Seidenleute"; man meinte damit jenes unbekannte Volk, von dem die Seide kam – weil es sie herstellte, oder weil es sie verkaufte. Man unterschied nicht zwischen Händlern und Produzenten, Zentralasiaten und Chinesen, dazu lagen die Wohnsitze der Serer zu fern.

Den Serern schrieben die römischen Schriftsteller erstaunliche Fähigkeiten und Eigenschaften zu. Man hielt sie für friedfertig, langlebig, sittsam und rechtschaffen, für das gerechteste unter den Völkern. Bei ihnen gebe es weder Mord noch Ehebruch, weder Meineid noch Trunkenheit, keinen Diebstahl, keine Prostitution und keinen Götzendienst. Grundlage ihres Wohlstands sei die Seide, über deren Herstellung die abenteuerlichsten Vorstellungen umgingen. Immerhin glaubte der ältere Plinius in seiner „Naturalis historia" zu wissen, wie sie ihre Waren verkauften: Das Volk der Serer sei hochgewachsen, rothaarig, blauäugig und lebe hinter dem Himalaja. Eine der üblichen Handelssprachen spreche es nicht. Mit fremden Kaufleuten verkehre es daher so, dass beide Seiten ihre Waren am Ufer eines Flusses auslegten; die Serer nähmen sich dann, was sie bräuchten, was ihnen nicht gefiel, ließen sie liegen; Worte würden bei all dem nicht gewechselt. – Die Wirklichkeit sah sicher anders aus als der „stumme Tauschhandel", den Plinius schildert.

Die Serer waren für die Römer eines jener fernen Fabelvölker, deren Lebensweise man gern mit den Begriffen der sozialen Utopie beschrieb. Der Weg zu ihnen führte durch einen Raum, der von wundersamen Menschen und Kapriolen der Natur besetzt schien. Man sprach von Indien; aber Indien war groß und konnte Gebiete umfassen, die man heute eher zu Zentral- oder Ostasien rechnen würde; bis nach Iran, Tibet, Turkmenistan und Südchina reichte der Begriff. In diesem riesigen Raum wurde seit Herodot, Ktesias von Knidos und den Bearbeitern der Alexander-Sage eine bunte Vielfalt von monströsen Gestalten, todbringenden Tieren und unerklärlichen Naturerscheinungen vermutet. Man rechnete mit riesigen Ameisen, Greifen, Einhörnern und Elefanten, mit aufwärts fließenden Gewässern und Sandmeeren, mit Pygmäen und Giganten, Kopflosen, Hundsköpfigen und einbeinigen Schattenfüßlern, mit Großohrigen, Mundlosen, Einäugigen, Rückwärtsfüßlern und vielem anderen mehr. Bis ins 20. Jahrhundert versuchten reisende Abenteurer, den „Wundern des Ostens" auf die Spur zu kommen, und einige hatten sogar Erfolg damit.

Die Erzählungen von den *mirabilia Orientis* stammten samt und sonders aus der Antike und wurden ohne wesentliche Änderungen an das Mittelalter weitergegeben. Hinzu kam ein Mythos, der die politischen Verhältnisse im Inneren Asiens zum Gegenstand hatte: Dort herrsche ein weiser Priesterkönig mit Namen Johannes, der sich zum christlichen Glauben bekenne und sein Reich vorbildlich regiere. 72 Länder, sieben Könige, 72 Herzöge und 365 Grafen seien ihm untertan; überall herrsche Überfluss an Edelsteinen, Gewürzen und Nahrung. Sogar die wilden Judenstämme Gog und Magog, die Alexander der Große hinter dem Kaukasus eingeschlossen haben soll, gehorchten seinen Befehlen. Im vornehmsten der königlichen Paläste würden 30000 Menschen gespeist, und das Wasser einer Quelle garantiere ewige Jugend. Mittels eines Spiegels auf einer hochaufragenden Säule könne der Priester sein ganzes Reich überblicken und effizient kontrollieren.

Die Sage vom Priesterkönig Johannes entstand um 1160/1170. Sein Reich wurde irgendwo im indischen oder zentralasiatischen Raum vermutet, reichte aber angeblich bis dorthin, wo die Sonne aufgeht. In dieses Reich führten die Handelswege, und die Erzählungen von seinem mythenumwobenen Herrscher spiegeln die Vorstellungen, die man sich

Die Karawane zieht weiter – hier auf einem Relief aus Palmyra (um 200).

Drachenmotive fanden als „Importgut" aus dem Osten Eingang auch in die europäische Textilkunst (hier ein italienisches Seidengewebe aus dem 13./14. Jahrhundert, das sich heute im Deutschen Textilmuseum Krefeld befindet).

im Westen über die Reichtümer des Ostens und die Vorbildlichkeit der dortigen Lebensverhältnisse machte.

Geschäft und Abenteuer

Was aber geschah wirklich auf den Straßen und Wegen, die durch Asien führten? Richthofen hatte doppelt unrecht, als er von einer einzigen Straße für ein einziges Handelsgut sprach. Vielmehr handelte es sich um ein ganzes System von Verkehrswegen, das aus einem Hauptstrang und zahllosen Abzweigen, Verästelungen, Ausläufern und Zubringern bestand. Es reichte von den chinesischen Großstädten Chang'an, Luoyang und später Peking im Osten bis zu den Mittelmeerhäfen Antiochia, Tyrus, Akkon und Alexandria im Westen. In Zentralasien teilte sich die Hauptstrecke in eine nördliche und eine südliche Route, um die Sandwüste Taklamakan zu umgehen. Abzweige führten vom Tal des Flusses Wei in China über Sichuan und Yunnan nach Birma und Bengalen, von Westchina auf das tibetische Hochland, vom Tarim-Becken über die Pässe zwischen Pamir und Karakorum nach Afghanistan und Indien, von der Turanischen Niederung einerseits zum Schwarzen Meer und nach Russland, andererseits am Tianshan-Gebirge vorbei in die Mongolei, vom iranischen Hochland sowohl zum Kaukasus als auch zu den Hafenstädten am Persischen Golf.

Die Zielorte der Handelsstraßen konnten wechseln, oder diese gingen in andere Verkehrsnetze über, die man nach den dort bevorzugt transportierten Gütern bezeichnet (Bernsteinstraße, Pelzstraße, Weihrauchstraße). Ihr maritimes Gegenstück hatten die Landwege in der „Seidenstraße des Meeres", die die arabischen mit den indischen Häfen verband und um Südostasien herum nach Südchina führte. Land- und Seeweg funktionierten wie zwei kommunizierende Röhren: Wurde der Landweg unsicher oder blockiert, verlagerte sich der Handel auf die südliche Route; nahmen dort die Überfälle von Piraten oder andere Behinderungen überhand, kehrte man zur beschwerlichen, aber letztlich sichereren Überlandroute zurück.

2000 Jahre, von der Mitte des ersten vorchristlichen bis zur Mitte des zweiten nachchristlichen Jahrtausends, verliefen Handel und Verkehr in diesen Bahnen. Als Transportmittel dienten Esel, Maulesel, Ochsenkarren in den nördlichen Steppen, ansonsten Dromedare und vor allem Trampeltiere, die sich wegen ihrer Genügsamkeit, Kälteunempfindlichkeit und Trittsicherheit als besonders tauglich erwiesen. In Karawansereien, öffentlichen Gasthäusern und privaten Herbergen kamen die Reisenden unter, und bei den größeren Stationen fanden sie alles, was sie brauchten: Wasser, Proviant, frische Tiere, Zaumzeug und andere Gerätschaften, Dolmetscher und Informationen, schließlich auch Gelegenheit zu Geschäften.

In deren Mittelpunkt stand die Seide aus China; aber sie war beileibe nicht das einzige Handelsgut, um das es ging. Schon bei den Textilien gab es viele verschiedene Sorten, denn die Kunst der Seidenerzeugung war kein Geheimnis geblieben und hatte sich über Zentralasien nach Westen verbreitet, bis

Szenen aus dem Leben Dschingis Khans, des Begründers des mongolischen Weltreichs, finden sich vor allem in persischen Handschriften; hier eine Audienz des Khans.

sie im 6. Jahrhundert das Byzantinische Reich, im 8./9. Jahrhundert auch Südeuropa erreichte. Dennoch blieben die zentral- und ostasiatischen Sorten besonders begehrt. Die Reliquien von Heiligen wurden in sie gehüllt, Päpste und Fürsten in ihnen bestattet, besonders kunstvolle Stücke in den Schatzkammern der europäischen Kirchen deponiert. Flügeldrache und Fonghoang (chinesischer „Phönix“, eigentlich ein Mittelding zwischen Pfau und Fasan) wurden so zu verbreiteten Motiven in der westlichen Kunst. *Seta catuya*, Seide aus Cathay (wie man Nordchina seit dem 13. Jahrhundert nannte), wurde auf englischen Zoll-Listen geführt und in Italien von Dichtern besungen: „Des Morgens erhebt sich meine Dame, die heller leuchtet als die Morgenröte, und sie kleidet sich in Seide

In ganz Asien gab es seit der Spätantike Gemeinden nestorianischer Christen. Die Wandmalerei aus Chotscho, einer Oasenstadt am nördlichen Rand der Taklamakan, stammt aus einer nestorianischen Kirche und zeigt die Feier des Palmsonntags (um 900).

aus Cathay" (Dino Compagni). Das arabische Wort für die über den südostchinesischen Hafen Quanzhou/Zaitun exportierten Seidenstoffe (*atlas zaituni*) ging sogar in die europäischen Sprachen ein und blieb bis heute als „Satin" erhalten. Zwar musste man damit rechnen, dass der lange Transportweg den wertvollen Stoffen nicht bekam, aber die Einkaufspreise in China waren so günstig, dass sich in jedem Fall satte Gewinnspannen ergaben.

Ähnlich verhielt es sich mit anderen Waren, die man billig in China einkaufen und mit gutem Gewinn in Europa verkaufen konnte: weitere hochwertige Textilien wie Brokate und Taftstoffe, Gewürze und Medizinaldrogen (weißer chinesischer Zimt und Zimtblüten, Galgant, Kampfer und Medizinal-Rhabarber), Blutholz und Smaragde. Unterwegs konnte man noch tibetischen Moschus oder hinterindischen Gummilack erwerben. Porzellan dagegen wurde erst im 15. Jahrhundert in größeren Mengen nach Europa exportiert. Vielleicht spielte dabei das Gewicht eine Rolle, denn nur leicht transportierbare und zugleich hochwertige Luxusgüter kamen für den Fernhandel in Frage. Schwergewichtige, sperrige und zerbrechliche Ware hätte die verfügbaren Transportmittel überfordert und den aufwendigen Transport nicht gelohnt. Auch in umgekehrter Richtung nahm man daher nur leichte und wertbeständige Handelsgüter mit: feine Leinenstoffe, Kamelottzeuge (aus Kamelhaar, Ziegenhaar oder Seide), Bernstein, Korallen und Kristallglas aus Murano. Das meiste wurde aber schon unterwegs verkauft, damit man mit dem Erlös auf den chinesischen Märkten einkaufen konnte.

Ein direkter Handel zwischen Ostasien und Europa war allerdings für Jahrhunderte unmöglich. Was die römischen Kaufleute im Jahr 166 fertigbrachten, blieb einmalig und hatte keine sichtbaren Folgen. Stattdessen wurden die Waren von einem Kaufmann an einen anderen verkauft und kamen nur durch den Zwischenhandel an ihr Ziel. Auch der Gewinn verteilte sich auf entsprechend viele Köpfe. Erst im 13. Jahrhundert änderten sich die Verhältnisse fundamental, und es kam ein direkter stetiger Handelskontakt zwischen den beiden Enden der eurasischen Landmasse zustande. Dafür gab es zwei Gründe. Der eine lag in der mongolischen Reichsbildung seit 1206, der andere hatte mit der dynamischen Wirtschaftsentwicklung in Europa zu tun.

Dschingis Khan hatte die Stämme östlich des Altai-Gebirges unter seiner Herrschaft vereinigt und in pausenlosen Feldzügen ein Reich zusammengerafft, das bei seinem Tod (1227) vom Chinesischen bis zum Kaspischen Meer, von Transoxanien bis Sibirien reichte. Seine Nachfolger fügten Eroberungen in China, Tibet, Osteuropa, Persien und Korea hinzu, Khubilai (1260 – 1294) auch das südliche China und damit das Herz der chinesischen Zivilisation. Deren Reichtümer standen nun den Eroberern zu Gebote. Halb Asien befand sich unter mongolischer Herrschaft, und die transkontinentalen Handelswege wurden fast auf ganzer Länge von einer einzigen Macht kontrolliert. Man muss die sogenannte Pax Mongolica, den Reichsfrieden unter mongolischer Herrschaft, nicht überbewerten. Denn es gab auch zentrifugale Tendenzen im Großreich der Mongolen, und der Handel stand in seiner Blüte, als die Konflikte zwischen den Teilreichen zunahmen. Aber bis 1368, bis zur Vertreibung der fremden Herren aus China, wurde zumindest theoretisch der Anspruch eines einheitlichen Großreichs unter einem einzigen Herrscher, dem Großkhan, aufrechterhalten. Nie zuvor lag es Kaufleuten so nahe, auf die Sicherheit der Straßen zu vertrauen und die weite Reise in den Fernen Osten auf sich zu nehmen.

Dass dies fast ausschließlich Italiener taten, lag an der „kommerziellen Revolution“ in Südeuropa. Man versteht darunter die Expansion des Handels im Mittelmeerraum, die mit der Gründung von kolonialen Stützpunkten, der Einrichtung überseeischer Kontore und der Erfindung neuer Kapitalanlageformen einherging. Insbesondere die Seestädte Genua und Venedig waren im östlichen Mittelmeer aktiv, und Genuesen und Venezianer waren es auch, die von hier aus nach Osten ausgriffen, um das Geschäft auf der Seidenstraße nicht mehr Zwischenhändlern überlassen zu müssen.

Einige von ihnen sind mit Namen bekannt, und aus diesen spricht der Stolz, den sie auf ihre weit ausgreifende Tätigkeit empfanden. Einer nannte sich nach Cathay, ein anderer Ultramarino (der Überseeische); zeitweise wurden unter genuesischen Kaufleuten mongolische Vornamen modisch. Manche reisten mehrfach hin und her, manche blieben Jahre im Osten, und manche kamen gar nicht mehr zurück, sei es, dass sie sich dauerhaft niederließen, sei es, dass sie verstarben. Wer so lange in fremden Ländern unterwegs war, ging ein gewisses Risiko ein. Man konnte unter die Räuber fallen, in Winterstürmen festsitzen oder in kriegerische Konflikte geraten. In islamischen Ländern konnten auch Kaufleute das Martyrium erleiden. Wenn einer unterwegs an Krankheit oder Entkräftung verstarb, fiel seine gesamte Habe an den Herrn des Landes – so wollte es das mongolische Recht. Sich auf den Handel mit Innerasien einzulassen erforderte nicht nur Geschäftssinn, Erfahrung und geographisches Wissen, sondern auch viel persönlichen Mut.

Wagemutige Kaufleute machten zweifellos den größten Anteil derer aus, die die innerasiatischen Handelsstraßen nutzten, stellten sozusagen den Regelfall unter den Reisenden dar. Aber auch politische Gesandtschaften nutzten die eingefahrenen Wege und die dort vorhandene Infrastruktur. Gerade die Gründung des mongolischen Großreichs sorgte für einen regen diplomatischen Verkehr innerhalb Asiens sowie zwischen Asien und Europa. Dadurch erschloss sich auch der christlichen Mission ein neues und sehr weites Feld. Schließlich gab es in ganz Asien nestorianische Christen, die seit der Spätantike sowohl theologisch als auch räumlich eigene Wege gegangen waren. In Europa galten sie als Sektierer. Aber die Existenz nestorianischer Gemeinden half den katholischen Missionaren bei ihren Bemühungen, Seelen für ihren eigenen Glauben zu gewinnen. Um an ihr Ziel zu gelangen, schlossen sie sich gern den Kaufleuten an: Diese kannten die Wege und konnten bei vielen Problemen aushelfen, im Gegenzug leisteten die Missionare geistliche Betreuung.

Diese drei Gruppen: Kaufleute, Diplomaten, Missionare, dazu einige Einzelgänger, die das Abenteuer suchten, frequentierten die Straßen zwischen Europa und Asien. Einige schrieben auf, was sie gehört und gesehen hatten, sei es, dass sie Rechenschaft ablegen mussten, sei es, dass sie künftigen Reisenden Ratschläge geben wollten, oder auch nur, um sich ihre Erlebnisse von der Seele zu schreiben. Es sind Geschichten vom Leben und Überleben auf der Seidenstraße, von den Völkern Asiens und deren Reichtümern, von Geschäft, Abenteuer und den Wundern des Ostens.

Tief beeindruckt waren europäische Reisende von dem Umstand, dass es in China Papiergeld gab (hier ein Beispiel von 1214; ebenfalls abgebildet sind zwei Kupfermünzen aus dem 10. Jahrhundert).

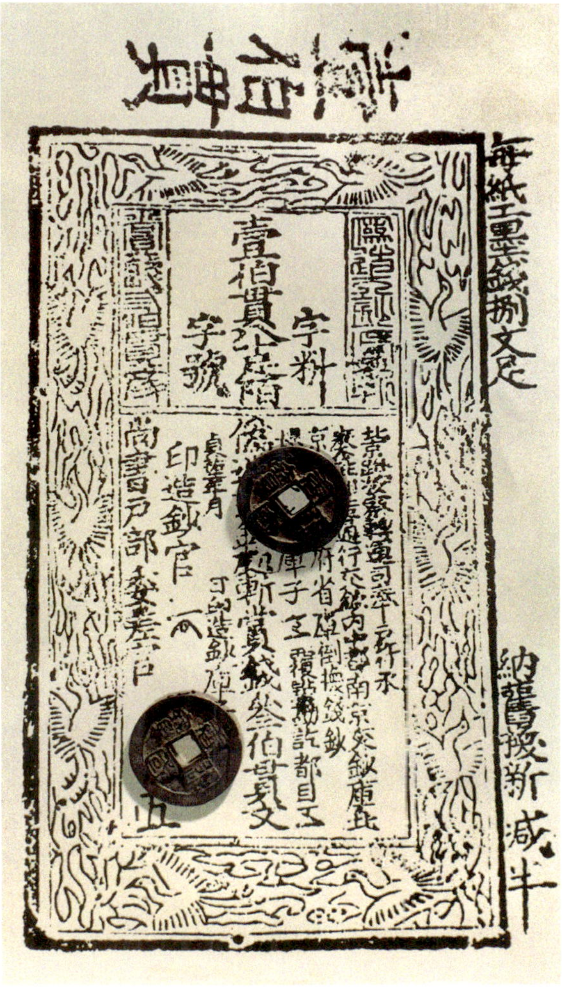

Marco Polo berichtet, dass Khubilai Khan aus der Rinde von Maulbeerbäumen Papiergeld herstellen ließ; sein Siegel garantierte die Authentizität. Die Miniatur zeigt, wie in China ankommende Kaufleute ihr Münzgeld in Papierscheine tauschen; der Bauer bringt einen Sack voll von (vermutlich) Rindenstücken, auf die ein Beamter einen schwarzen Gegenstand (wohl das kaiserliche Siegel) drückt.

Ein Handbuch für Kaufleute

Über die Hintergründe und den Verlauf ihrer Geschäfte sprechen Kaufleute nicht gern: Das sind Informationen, die man besser als Geschäftsgeheimnisse behandelt. Auch der mittelalterliche Ostasienhandel wird durch keinen Erlebnisbericht aus der Feder eines Kaufmanns dokumentiert. Nützlich war es dagegen, Daten und Fakten aus der Praxis zusammenzutragen, um sie Mitgliedern des Unternehmens zur Verfügung zu stellen. Mehrere solche „Handbücher für den Handel" (*pratiche della mercatura*) sind erhalten und werfen ein helles, wenn auch nur punktuelles Licht auf den Fernhandel im spätmittelalterlichen Europa und darüber hinaus.

Die bekannteste von ihnen, die „Pratica" des Florentiners Francesco Balducci Pegolotti aus dem Handelshaus Bardi (um 1338), enthält auch einen Abschnitt über die langwierige und beschwerliche Reise nach China. Der Verfasser hat sie nicht selbst unternommen, konnte sich aber auf die Auskünfte anderer Kaufleute der Firma verlassen und stellte eine bunte Liste von Produktbeschreibungen, Streckenführungen, Handelstarifen und Wechselkursen, von Tipps und Tricks im Fernhandel zusammen. Bedachte man dies alles, dann war die Reise lohnend. Da er sich vor allem auf genuesische Gewährsleute stützte, sollte sie in Genuas Stützpunkt Tana am Asowschen Meer beginnen und zunächst auf einer nördlichen Route nach Zentralasien und von dort nach China führen. Ziel war Khanbalik, die „Stadt des Khans" beim heutigen Peking. Großkhan Khubilai hatte sie 1267 zu seiner Residenz erklärt.

Bis auf einzelne Abschnitte schien der Weg dorthin sicher „bei Tag und Nacht". Für jene aber sollte man sich mit anderen Kaufleuten und deren Personal zusammentun. Eine Gruppe von 60 Mann könne selbst „den schlimmsten Weg so sicher gehen, als wäre man zu Hause". Auch war es empfehlenswert, eine Frau dabeizuhaben, vor allem, wenn sie die kumanische Sprache beherrschte (später musste man sie dann irgendwie wieder loswerden). Überhaupt waren Dolmetscher wichtig, schließlich zog man durch vielerlei Länder und musste mit allerlei Sprachen zurechtkommen. Am besten stellte man einen Turkmenen an, denn noch jenseits des Altai-Gebirges wurde Türkisch gesprochen. Am Dolmetscher durfte man keinesfalls sparen. Der Kaufmann musste sich auf alle Eventualitäten einstellen: Er sollte sich einen Bart stehen lassen, um auszusehen wie ein Einheimischer. Fleisch und andere Lebensmittel finde er überall in genügender Menge; nur Mehl und Fisch müsse er mitnehmen. Im Fall seines Todes sollte sich ein anderer als sein Bruder ausgeben, damit nicht die gesamte Habe an den örtlichen Herrscher fiel. Sterbe aber der Herr des Landes, dann werde mit den „Franken" (so nannte man alle Europäer im Osten) besonders willkürlich verfahren.

Mit Gold- und Silbergeld ließ sich die Hin- und Rückreise bestreiten. Aber in China musste man alles Edelmetall in Papiergeld umtauschen, wie es seit langem dort umlief. Da man in Europa keine Erfahrungen damit hatte, fiel es den meisten Reisenden, auch den Kaufleuten, nicht leicht, das Prinzip zu begreifen. Wenn man Gold und Silber hergab und dafür schwärzlich-grüne, förmlich gestempelte, aber abgegriffene Lappen aus Maulbeerbaumrinde erhielt, musste man da nicht den Großkhan für den glänzendsten Herrscher der Welt halten, sein Land für das reichste auf Erden? Das „bequeme Geld", wie die Chinesen es nannten, wurde von europäischen Besuchern entweder als ein weiteres „Wunder des Ostens" betrachtet oder aber als der definitive Nachweis des überfließenden Reichtums in China.

Marco Polo – ein Kaufmannssohn aus Venedig

Marco Polo war kein Kaufmann, sondern nur der Sohn eines solchen. Er ließ sich erzählen, wie Konflikte unter den Tataren seinen Vater Nicolò und seinen Onkel Maffio bis nach Khanbalik verschlugen und sie mit einer „Païza", einem Schutzbrief des Großkhans in Form einer goldenen Tafel, nach Hause zurückkehrten. Als sie erneut nach China reisten, schloss er sich ihnen an. Von ihnen erfuhr er die Geheimnisse des Geschäfts und lernte die dafür notwendigen Sprachen. Mit offenen Augen und wachem Sinn beobachtete er das Treiben auf den Märkten und berichtete später davon. Mit den Preisen für Seide, Salz, Pfeffer, Ingwer, Aloe und andere Spezereien kannte er sich aus, die Land- und Wasserwege konnte er lebendig beschreiben. Mit 21 Jahren trat er in den Dienst des Großkhans und blieb 17 Jahre, bis 1292, in dessen Umgebung. Er sprach vier Fremdsprachen, schrieb vier verschiedene Schriftarten und gehörte zu den ausländischen Experten, die Khubilai zu den unterschiedlichsten Aufgaben heranzog.

Für die Hinreise hatten die drei Polo den Landweg gewählt, waren also über Persien, Kaschgar und das Tarim-Becken nach China gekommen, für die Rückreise nahmen sie in Quanzhou ein Schiff. Täbris, Samarkand, Ceylon und die indische Malabar-Küste waren die markantesten Stationen; als Gefolgsmann des Großkhans nahm Marco Polo an einer Gesandtschaft nach Indien sowie an Khubilais Kriegszügen gegen Pagan (Birma) und das Song-Reich (Südchina) teil. Überall gab es Reichtum und Überfülle, Merkwürdigkeiten, Kuriositäten und sogar Wunder zu bestaunen. Und wenn er sie nicht selbst sah, dann ließ er sie sich von Gewährsleuten berichten.

In Tibet zum Beispiel wurden junge Mädchen den durchreisenden Fremden für die Nacht über-

Zu den Seltsamkeiten, die Marco Polo auf seiner Reise begegneten, gehörte das „Männerkindbett" (die offenbar spontane Zeichnung eines Lesers illustriert die entsprechende Passage in Marco Polos Buch; British Library, London).

Khubilai Khan (hier auf einem chinesischen Albumblatt aus Seide) begründete die mongolische Herrschaft in China (Yüan-Dynastie).

lassen; denn in diesem Land „würde kein Mann, um nichts in der Welt, eine Jungfrau ehelichen". Machten sich die Reisenden dann wieder auf den Weg, „gehört es sich, dass sie den jungen Frauen, mit denen sie die Nächte verbrachten, ein Schmuckstück oder irgendein Andenken geben, damit diese bei einer zukünftigen Heirat ihre Liebeserfahrungen beweisen können. Es ist Sitte, dass jedes Mädchen mehr als zwanzig solcher Andenken an seinem Hals trägt, um zu zeigen, wie viele Männer schon ihr Vergnügen mit ihm gehabt haben. Die Frau mit dem reichsten Halsschmuck ist die beste und begehrteste; die Tibeter sagen, sie sei begnadet wie keine andere."

In der Provinz Zardandan im heutigen Yunnan kam Folgendes vor: „Wenn eine Frau dort ein Kind geboren hat, wäscht sie es und wickelt es in Windeln. Nun legt sich der Ehemann mit dem Säugling ins Bett und verlässt es, außer für die notwendigsten Bedürfnisse, nicht vor 40 Tagen. Freunde und Verwandte besuchen ihn, verweilen an seinem Bette, unterhalten und vergnügen sich miteinander. Man sagt dort nämlich, die Frau habe eine lange, beschwerliche Zeit hinter sich, und die dürfe nicht um 40 Tage verlängert werden. Unmittelbar nach der Geburt steht die Mutter auf, besorgt alle Hausgeschäfte und bedient den Gatten im Bett." Dieses sogenannte Männerkindbett kommt weltweit bei verschiedenen Völkern vor. Marco Polo war der erste Europäer, der es beschrieb.

Auch an China fand Marco manches recht seltsam, aber noch mehr zu bewundern. Der südlichen Hauptstadt Quinsai (das heutige Hangzhou) mit ihren 12 000 steinernen Brücken und 1 600 000 Haushalten widmete er eine überschwengliche Beschreibung: Sie sei „bei weitem die glanzvollste Stadt der Welt". Obwohl die Warenzölle nicht hoch seien, kämen riesige Einnahmen zusammen – „noch nie hat ein Mensch von so etwas berichten können". Aber nicht nur der materielle, sondern auch der Einfallsreichtum der Chinesen machte ihm Eindruck. Deren hohe Bildung und feine Sitten hielt er für unübertrefflich, Bescheidenheit und Keuschheit der jungen Frauen für vorbildlich: „Stets senken sie die Augen; sie sehen nichts als den Boden und ihre Füße. In Gegenwart der Familienältesten sind sie voller Ehrfurcht, kein Wort entschlüpft ihnen, sie sprechen nur, falls sie gefragt werden. Sie halten sich in ihren Kammern auf und beschäftigen sich dort. Ihren Vätern, den Brüdern und anderen Familienmitgliedern zeigen sie sich selten, und einem Freier schenken sie kein Gehör." Dennoch brachte Marco Polo für die chinesische Zivilisation kein tieferes Verständnis auf. Er lebte unter Mongolen, orientierte sich an deren Werten und Maßstäben und beobachtete das Leben der unterworfenen Chinesen von oben und von außen. Vieles war ihm nicht wichtig, oder es blieb ihm fremd. Held seines Buches war der Großkhan Khubilai, „der mächtigste Herr der Welt, seit Adams Zeiten bis in unsere Tage hat es nie einen größeren und reicheren gegeben". Ihm hielt er auch die Treue, als er in Venedig seinen Lebensabend als wohlhabender Rentner verbrachte.

Marco Polo berichtet: Khubilais Palast hatte die Größe einer Stadt und wurde von 12 000 Leibgardisten bewacht. An Festtagen kamen 12 000 Fürsten zusammen, um den Großkhan zu ehren. Sogar die Tierwelt zollte seiner Größe Tribut und musste sich – in Gestalt eines zahmen Löwen – vor ihm beugen. In seiner Schatzkammer häuften sich jene edlen Metalle, die die Kaufleute hergaben, um Papiergeld zu bekommen. 1000 mit Seide beladene Lastwagen kamen täglich in Khanbalik an. 20000 Prostituierte standen den Kaufleuten und der einheimischen Bevölkerung zur Verfügung. Schon daran könne man die überragende Bedeutung des Ortes erkennen. Sein Reich regierte Khubilai hart, aber gerecht. Aufrührer wurden gnadenlos exekutiert, die Getreuen dagegen nach ihren Verdiensten belohnt. Die Armee gehorchte dem Großkhan aufs Wort. Nachrichten erhielt er durch eine höchst effiziente Reiter- und Läuferpost, die aus einem engmaschigen Netz von Stationen bestand. Großzügig erwies er sich gegenüber den Armen: Den Bauern wurde bei Missernten oder Viehseuchen, den Stadtarmen in Khanbalik durch Getreidespenden geholfen. Durch die staatlichen Getreidespeicher regulierte man die Entwicklung der Preise. Überall auf den Landstraßen ließ Khubilai junge Bäume pflanzen, „was sehr angenehm und nützlich ist für die Kaufleute“. Er kümmerte sich weise um das Gedeihen der Wirtschaft und zeigte sich mildtätig gegenüber seinen Untertanen – wie ein wahrhaft christlicher Herrscher.

Marco Polo entwarf das Bild einer vorbildlichen Herrschaft. Es war eine politische Utopie, die er dort lokalisierte, wo die Fernhandelswege hinführten. So

Viele Missionare gehörten dem Franziskanerorden an, der daher immer wieder Märtyrer vorzuweisen hatte. Das Fresko aus der Kirche San Francesco in Siena zeigt das Martyrium der franziskanischen Missionare in Thana, Indien. Unter den Zuschauern im Hintergrund sind Mongolen und Chinesen zu sehen (Maler war Ambrogio Lorenzetti, um 1285–1348).

Die persische Miniatur illustriert den – männlichen wie weiblichen – Hofstaat des Mongolenherrschers, der zusammen mit seiner Gemahlin auf dem Thron sitzt (aus der Chronik des Raschid al-Din, Täbris, 14. Jahrhundert).

fügte er den Mythen, die sich um die Seidenstraße rankten, eine Variante hinzu. Noch im 15. Jahrhundert nannte man den Priester Johannes, den Großkhan von China und den Kaiser von Konstantinopel „die reichen drei". Dass der erste nie existierte, das Reich des zweiten nicht mehr und das des dritten kaum mehr bestand, war ohne Bedeutung – Mythen sind Geschichten ohne zeitliche Beschränkung.

Genueser Kaufleute am Yangzi

Nord- und Südchina waren seit dem frühen 14. Jahrhundert durch den Großen oder Kaiserkanal miteinander verbunden. Khubilai und seine Nachfolger ließen ihn bis Peking erweitern, um die Versorgung der neuen Hauptstadt mit Getreide zu sichern. Auch die Handelsstraßen des Nordens wurden dadurch mit der „Seidenstraße des Meeres" verknüpft. Zudem stellte der Kanal eine künstliche Verbindung mit dem Fluss-System des Yangzi (Chang Jiang) her, das tief ins Landesinnere hineinreicht. Die Stadt Yangzhou, an der Schnittstelle von Kaiserkanal und Yangzi gelegen, war daher von überragender handelsstrategischer Bedeutung und auch für europäische Kaufleute interessant. Marco Polo beschreibt sie als ökonomisches und administratives Zentrum, er selbst habe hier drei Jahre lang als Gouverneur residiert (was nicht zutrifft). Im 14. Jahrhundert gab es eine kleine ausländische Gemeinde, bestehend aus Kaufleuten und einer Niederlassung der Franziskaner. Sie verschwand bis zur Mitte des Jahrhunderts, hinterließ aber zwei spektakuläre Zeugnisse aus Stein.

Im November 1951 wurde bei Straßenarbeiten am alten Stadtrand von Yangzhou ein christlicher Grabstein aus dem Jahr 1342 gefunden. Eine Abreibung gelangte an das Seminar der Jesuiten in Zikawei/Shanghai, wurde heimlich außer Landes gebracht und schließlich in den Vereinigten Staaten veröffentlicht. Ein zweiter Grabstein aus dem Jahr 1344 kam wenig später ans Licht, wurde aber erst 1963/64 (zuerst in China, dann auch im Westen) publiziert und fand weit weniger Beachtung als sein älteres Gegenstück. Beide Steine stammen aus derselben Familie und gedenken des Todes zweier Geschwister: Im Juni 1342 starb Katharina, im November 1344 Antonio, sie die Tochter, er der Sohn des Kaufmanns Domenico (de) Ilioni aus Genua. Offenbar lebte die Familie seit einiger Zeit am Unterlauf des Yangzi. Möglicherweise fielen die Kinder der Großen Pest zum Opfer, die seit 1325 in Ostasien wütete und dann auch Europa erreichte.

Dass Domenico und die Seinen in China Fuß gefasst hatten, geht auch aus der Gestaltung der Grabsteine hervor. Während es für Katharinas Epitaph nahelag, die Katharinenlegende zur Darstellung zu bringen (das Martyrium der Heiligen mit Rad und Schwert und die Entrückung ihres Leichnams durch himmlische Boten), wurde für Antonio das ebenso sinnfällige Motiv der Auferstehung der Toten am Tag des Jüngsten Gerichts gewählt und der Namenspatron des Verstorbenen, der Eremit Antonius mit dem Antoniuskreuz, zur rechten Seite des richtenden Christus ins Bild gesetzt. Text und Bildprogramm stammten sicher von einem Mitglied der Familie Ilioni oder einem katholischen Geistlichen am Ort. Der Steinmetz selbst aber war sichtlich Chinese. Mobiliar, Kleidung, Bewaffnung und sonstige Ausstattung der Figuren konnte er nur so wiedergeben, wie er sie aus seiner Lebenswelt und von seinen kulturellen Traditionen her kannte. Möglicherweise hat er sich auf Katharinas Grabstein mit seinem Namen (Yin Wei) verewigt. Die Verschmelzung europäischer Erzählstoffe und chinesischer Darstellungsweisen führt eindrucksvoll vor Augen, dass die Tätigkeit italienischer Kaufleute im mongolischen China sich nicht in der Anhäufung kommerzieller Gewinne erschöpfte, sondern wenigstens hier und da die Annäherung zweier Kulturen bewirkte. Es ist eine Art kulturellen Austauschs zwischen fremden Kaufleuten und einheimischen Künstlern, den die beiden Grabsteine bezeugen.

Barfuß und bescheiden: Wilhelm von Rubruk

Es ist nicht immer einfach, die Rollen der Reisenden auf der Seidenstraße zu bestimmen. Die Grenzen waren fließend: Kaufleute konnten diplomatische Aufträge übernehmen, Geistliche wurden Spione, Abenteurer rückten in seriöse Stellungen ein. Einer der frühen Reisenden, Wilhelm von Rubruk, wusste selbst nicht so recht, was er wollte. Er stammte aus Flandern, hatte in Paris studiert und war Mitglied

Die Bevölkerung auf Java sei heidnisch, die Menschen lebten auf den Bergen und seien Götzendiener, heißt es bei Marco Polo – der Maler illustriert dies so: Zwei Menschen beten das erste Lebewesen an, das ihnen über den Weg läuft, etwa einen Hund oder ein Pferd. Die Bewohner im Haus links „essen menschliches Fleisch".

des Franziskanerordens geworden. Vielleicht als Missionar oder im Gefolge König Ludwigs des Heiligen kam er in den Nahen Osten. 1253 machte er sich auf den Weg zu den Mongolen und wurde von einem Machthaber zum anderen gereicht, bis er schließlich die Zeltstadt Karakorum und den Palast des damaligen Großkhans Möngke erreichte. Da er einen Brief König Ludwigs bei sich hatte, betrachtete man ihn als Gesandten und versuchte, politische Gespräche mit ihm zu führen. Doch er beharrte darauf, als einfacher Missionar in die Steppe gekommen zu sein und sich nur um das Seelenheil der Menschen kümmern zu wollen; für die politischen Fragen sei er nicht zuständig. Wahrscheinlich war das ein Fehler, denn so vergab er die Chance auf einen höheren Status und wurde – öfter, als ihm lieb sein konnte – den Dienstboten zugezählt.

Er hätte es besser wissen können. Wenige Jahre zuvor war ein anderer Franziskaner, Johannes von Plano Carpini, im Auftrag des Papstes nach Karakorum gereist. Er sollte Kontakt zum Großkhan aufnehmen und zugleich etwas Spionage betreiben. In beidem war er erfolgreich. Er trat als Gesandter der Kurie auf und wurde mit allen protokollarischen Ehren empfangen. Nach seiner Rückkehr schrieb er ein Buch über das Volk der Mongolen. Es wurde ein riesiger Erfolg; die Leser rissen dem Verfasser diese erste umfassende, auf Augenzeugenschaft beruhende Behandlung des Gegenstands geradezu aus den Händen.

Auch Wilhelm von Rubruk muss es gekannt haben. Doch folgte er zwar der Route des Vorgängers, nicht aber seinem Beispiel. Vielmehr trat er als barfüßiger Bettelmönch auf. Die mitgebrachten Geschenke waren zu dürftig und gingen ihm unterwegs auch noch aus. Nur mit Mühe konnte er sich passende Kleidung für ein zur Winterzeit eiskaltes Land besorgen. Immerhin gelang es ihm, sich Gehör zu verschaffen und dem Großkhan das katholische Christentum als Alternative zu Buddhismus und Islam zu empfehlen. In einem förmlichen Religionsgespräch in Karakorum behauptete er sich als geschulter Dialektiker gegen seine Opponenten und scheint (wenn wir ihm glauben dürfen) den Sieg davongetragen zu haben. Seine Ziele erreichte er jedoch nicht. Am Ende seiner Reise stellte er resigniert fest: „Es scheint mir zwecklos zu sein, dass noch einmal ein Mönchsbruder zu den Tataren geht, wie ich es tat ... Wenn aber der Papst, das Oberhaupt aller Christen, ihnen einen Bischof mit allem Aufwand und allen Ehren schicken möchte, um auf ihre Torheiten antworten zu lassen ..., so könnte ein solcher ihnen sagen, was immer er will, und er könnte es auch niederschreiben lassen. Denn was auch immer ein Gesandter zu sagen wünscht, das hören sie sich an und fragen stets, ob er noch etwas sagen möchte." Spät wurde Wilhelm von Rubruk bewusst, dass er bei seinen Gastgebern nicht immer den richtigen Ton getroffen hatte.

Probleme hatte Wilhelm mit seinem Dolmetscher, der einmal überfordert war, ein andermal betrunken, oft beides zugleich. Wilhelm selbst sprach Französisch, Latein und vermutlich Arabisch. Unterwegs nahm er Privatunterricht bei einer Mongolin und erwarb so Grundkenntnisse der mongolischen Sprache. Zumindest reichten sie aus, um zu bemerken, wenn der Dolmetscher falsch übersetzte. Probleme bereiteten ihm aber auch die Lebensformen und Verhaltensweisen der Mongolen. Schon ihr Äußeres fand er befremdlich, die bemalten Gesichter der Frauen ganz grässlich. Zudringlichkeit und Habgier machten ihm zu schaffen, und die Gelage seiner Gastgeber mitsamt ihren närrischen Trinksitten schalt er ein unwürdiges Zechen ohne Maß und ohne Ziel; daran nahmen sogar Frauen und (nestorianische) Priester teil. Als er zum ersten Mal vergorene Stutenmilch trinken sollte, überkam ihn der Ekel. Mit einem Wort: Es war „eine andere Welt", in die ihn der Wunsch verschlagen hatte, den christlichen Glauben zu verbreiten.

Doch Wilhelm von Rubruk machte sich kundig und kam mit den Verhältnissen immer besser zurecht. Von Kaufleuten hatte er sich vor der Abreise beraten lassen, und unterwegs konnte er seine geographischen Kenntnisse korrigieren. Denn Wilhelm war ein gebildeter Mann, der ein Weltbild besaß und an ihm feilte. Auch die Mongolen erhielten darin einen Platz. Indem er sich nach ihren Traditionen erkundigte und deren tägliche Praxis erlebte, formte sich ihm ein ebenso profundes wie einfühlsames Bild

Eine Szene in einer mittelalterlichen Handschrift, die über die Reisen des Odorico da Pordenone berichtet (Rom, Biblioteca Apostolica Vaticana), zeigt den Franziskaner, wie er auf Mumien und Skelette stößt – ganz so, wie es viele Reisende in der Wüste Taklamakan noch jahrhundertelang erlebten.

Um die Kommunikation in seinem Riesenreich sicherzustellen, ließ Khubilai Khan Straßen anlegen und sie mit Bäumen säumen, „damit die Reisenden … die Verkehrswege schon von weitem erkennen können".

der mongolischen Kultur. Sogar an Stutenmilch und Pferdewürsten, den Spezialitäten der Steppe, fand er nunmehr Gefallen. Wer bedenkt, dass dem französischen Philosophen Michel de Montaigne zufolge der menschliche Magen die Fremde als Letzter begreift, kann ermessen, wie weit Wilhelms Bereitschaft zur Anpassung ging.

Noch weiter schweifte sein Blick, als er in Karakorum chinesische Handwerker, Ärzte und Geistliche traf. Etwas unbeholfen beschrieb er ihre nasale Sprache („beim Sprechen atmen sie viel durch die Nase"), ihre schmalen Augen und die Kunstfertigkeit ihrer Ärzte (die sich allerdings mehr auf die Kräuterheilkunde und die Interpretation des Pulsschlags verstünden als auf die Urinbeschau, auf die europäische Ärzte Wert legten). Eindruck machte auch ihm das Papiergeld, noch mehr aber die chinesische Schrift: „Die Bewohner von Cathay schreiben mit einem Pinsel, wie es die Maler tun. In ein Bild zeichnen sie mehrere Buchstaben hinein, die ein Wort oder einen ganzen Satz bedeuten." Der Sinn der Piktogramme erschloss sich ihm nicht, aber er gab sich Mühe, wenigstens deren äußere Erscheinung zu beschreiben.

Wilhelm fragte sich, ob die Chinesen in seiner geographischen Vorstellung einen Platz hätten, und setzte sie mit den antiken Serern gleich. Denn „von ihnen kommen die besten seidenen Stoffe, von ihnen selbst *serici* genannt". Aus zuverlässiger Quelle habe er erfahren, „dass es in ihrem Land eine Stadt mit silbernen Mauern und einem goldenen Verteidigungsvorwerk gibt". Die Mythen der Seidenstraße und das sagenumwobene Ursprungsland der begehrten Stoffe standen ihm vor Augen. Skeptisch fragte er nach, ob dort auch jene Ungeheuer und seltsamen Menschen zu finden seien, von denen man sich erzählte. Die Antwort fiel halbherzig aus:

diese nicht, andere schon – kleine, nur eine Elle messende Leute, die die Knie nicht abwinkeln, sondern nur herumhüpfen könnten und deren Blut zum Färben wertvoller Purpurstoffe verwendet werde. Außerdem gebe es hinter Cathay noch ein anderes Land, in dem niemand alt werden könne. Wilhelm von Rubruk wollte dies alles nicht glauben, doch widersprechen konnte er nicht. Im Grunde erging es ihm wie vielen, die sich nach den Wundern des Ostens umsahen und dann doch nur auf andere, noch entferntere Länder verwiesen wurden.

Ein vagabundierender Franziskaner

Wilhelm von Rubruk hatte nicht wenige Nachfolger, zumal nachdem den Franziskanern der nördliche Teil Asiens als Missionsgebiet zugesprochen worden war. Seit 1307 entstand eine Kirchenprovinz Khanbalik/Peking mit mehreren Suffraganbistümern und einer Anzahl von Ordenshäusern in den bedeutendsten Städten. Neue Missionare kamen über die transkontinentalen oder die maritimen Handelswege nach. Einer von ihnen ließ sich Jahre für die Anreise Zeit, blieb eine Weile an verschiedenen Stationen und brauchte ähnlich lange für den Heimweg. Insgesamt war er zwölf bis 16 Jahre unterwegs. Seine Missionserfolge sollen bedeutend gewesen sein. Was er nach der Heimkehr von seiner Reise erzählte, macht aber eher den Eindruck eines abenteuerlichen Unternehmens, voll der Merkwürdigkeiten und Wunder Asiens. Odorico da Pordenone wurde deshalb von einem modernen Autor als „vagabundierender Franziskaner“ bezeichnet. Er selbst nannte sich „neugierig“.

Höhepunkte seiner Reise waren die Aufenthalte in Südindien, wo er eine Witwenverbrennung erlebte, auf Sumatra, wo er angeblich Menschenfressern begegnete, und in China, wo er Schlangenfleisch probierte und Kormoranfischern beim Arbeiten zusah. Auch die günstigen Einkaufspreise für Ingwer, Rhabarber, Zucker, Salz oder Seide schienen ihm bemerkenswert. Odorico war kein Händler, aber er beobachtete das Geschehen auf den Märkten und zog einige Schlüsse daraus. In Khanbalik blieb er drei Jahre, um für den christlichen Glauben zu werben und mit den anderen dort tätigen Franziskanern für den Großkhan zu beten. Angeblich durfte er ihm einmal die Schöpfungsgeschichte erklären.

Auch seine Heimreise war an Erfahrungen und Einsichten reich. Sie führte am Gelben Fluss vorbei durch das „Land des Priesters Johannes“ und von dort in das nördliche Tibet. Hier ließ er sich erzählen, wie eine sogenannte Himmelsbestattung (die Entsorgung der Toten durch Geier) verlief, und erfuhr auch einiges über die damalige tibetische Hauptstadt Sa-skya und das Regiment des Sa-skya-Lama. Im Anschluss passierte er die Taklamakan-Wüste, was ihm nur unter größten Anstrengungen und Gefahren gelang. Odorico nennt sie „das schreckliche Tal“: „Als ich durch das Tal kam, das beim Fluss der Freuden liegt, sah ich dort viele Leichen liegen; ich hörte dort auch verschiedene Musikinstrumente, vor allem aber Kesselpauken, die auf wundersame Weise geschlagen wurden. Es war daher dort ein solches Lärmen und Dröhnen, dass mir große Furcht in die Glieder fuhr. Dieses Tal aber ist etwa sieben oder acht Landmeilen lang; wenn dort einer hineingeht, kommt er niemals mehr heraus, sondern muss dort unverzüglich sterben ... Auf einer Seite dieses Tals sah ich in der Felswand ein furchtbares menschliches Gesicht; es sah so fürchterlich aus, dass ich glaubte, aus übergroßer Angst das Bewusstsein zu verlieren oder zu sterben. Deshalb brachte ich nur noch die Worte heraus: ‚Das Wort ist Fleisch geworden.‘ An das Gesicht selbst wagte ich nicht ganz nahe heranzutreten, sondern ich verharrte in einer Entfernung von 15 Schritten. Da ich mich nicht hinzugehen traute, drang ich zum anderen Ende des Tales vor. Dort stieg ich auf eine Sanddüne, von der aus ich ringsum nichts sah als jene Kesselpauken, die ich auf wundersame Weise spielen hörte. Auf dem Kamm der Düne aber fand ich Gold und Silber in großer Menge; wie Fischschuppen lag es dort beisammen. Ich nahm davon in meinen Schoß; weil ich mich darum nicht kümmerte und auch meinte, dies seien Gaukeleien der Dämonen, warf ich alles wieder auf die Erde. Und so kam ich dank Gottes Beistand unversehrt wieder heraus aus dem Tal. Als die Sarazenen davon hörten, erwiesen sie mir große Hochachtung. Sie sagten, ich sei ein heiliger Mann; jene aber, die in dem Tal den Tod fanden, seien die Anhänger eines höllischen Dämons.“

Kein anderer mittelalterlicher Autor beschreibt die Gefahren, die den Reisenden auf der Seidenstraße drohten, so anschaulich und drastisch wie Odorico, seine Errettung galt ihm als ein Wunder des Herrn. Als er gleich nach der Heimkehr verstarb, wurde ihm denn auch bald die Verehrung eines Heiligen zuteil. Legenden knüpften sich an seine Reise. Ein Jahr lang habe er von den Früchten eines Baumes und von der Quelle an dessen Stamm gelebt.

Aus einem Gewässer habe er einen Apfel gefischt, der ihn dann neun Tage und Nächte nährte. Die Jungfrau Maria habe ihn ein Stück weit begleitet, und kurz vor der glücklichen Heimkehr sei ihm der Teufel persönlich begegnet. Nur durch lautes Schreien habe er ihn loswerden können. Das Reisen auf der Seidenstraße barg so viele Gefahren, dass es der Hilfe des Höchsten bedurfte, um sie zu bestehen.

In umgekehrter Richtung: ein Einsiedler aus Peking

Während des 13. und 14. Jahrhunderts kamen europäische Reisende in großer Zahl bis nach China. In umgekehrter Richtung blieb es beim herkömmlichen Warenaustausch über zahlreiche Stationen, direkte Kontakte waren sehr selten. Eine spektakuläre Ausnahme machte der nestorianische Einsiedler Bar Sauma aus dem Volk der Önggüt, das in den Steppen zu beiden Seiten des Gelben Flusses (Huanghe) lebte. Schon in jungen Jahren hatte er ein mönchisches Leben gewählt und sich in die Einsamkeit der Berge südwestlich von Peking zurückgezogen. Gemeinsam mit seinem Schüler Markos machte er sich um 1275 auf den Weg nach Westen, um an den Ursprüngen der nestorianischen Kirche in Syrien zu beten und womöglich auch die heiligen Stätten in Jerusalem zu besuchen. Daraus wurde jedoch nichts, da die beiden Reisenden sich in die Wirrnis der nahöstlichen Politik hineinziehen ließen. Zunächst nahm der nestorianische Katholikos in Bagdad sie in die Pflicht, dann trat Markos unter dem Namen Yaballaha III. dessen Nachfolge an (1281), schließlich wurde Bar Sauma 1287/88 als Gesandter des Il-Khans Arghun nach Europa geschickt, um dort für ein Bündnis gegen die Mamluken in Ägypten zu werben.

Auch hier blieb ihm der Erfolg versagt. Je weiter westlich er vorsprach, destso freudiger wurde die Zustimmung bei gleichbleibender Unlust zu Taten. Weder der Papst in Rom noch die Republik Genua, weder der französische noch der englische König legten sich auf ein gemeinsames Vorgehen fest. Aufsehen erregten dagegen die öffentlichen Auftritte des Gesandten, der fremdartig wirkte, sich dann aber als ein Bruder im Glauben erwies. In Rom führte er ein Religionsgespräch mit zwölf Kardinälen, in Bordeaux und bei einem zweiten römischen Aufenthalt las er eine Messe nach syrischem Ritus. Die Zuschauer wunderten sich über den fremdartigen Klang seiner Sprache, sahen aber keine wesentlichen Unterschiede im Verlauf der Zeremonie. Westliches und östliches Christentum begegneten sich im Spiegel der Liturgie.

Einig war man sich außerdem in der Verehrung der heiligen Reliquien. Wann immer er glaubte, seinem diplomatischen Auftrag Genüge getan zu haben, ließ sich Bar Sauma durch Kirchen führen und deren Reliquienschätze zeigen. Denn die religiöse Erfahrung war ihm allemal wichtig. Dabei ließ er es jedoch nicht bewenden, sondern nahm auch Geschehnisse und Zustände in der ihm fremden Umgebung in den Blick: den Ausbruch des Ätna am 18. Juni 1287, eine Seeschlacht in der Bucht von Sorrent, die dichtbesiedelte Landschaft zwischen Neapel und Rom, Verfassung und Brauchtum in Genua sowie die große Zahl von Studenten an der Universität in Paris. Dass ein großer Herrscher wie Friedrich Barbarossa dem Papst die Füße küssen musste, fand er befremdlich. Dies alles machte ihm Eindruck, und manches gab ihm Anlass zu ehrlichem Staunen. Wie die Europäer im Fernen Osten, so konnten sich auch die wenigen Reisenden, die den umgekehrten Weg gingen, in Europa verwundern.

In beiden Richtungen profitierte man von einem Wegenetz, das seit Jahrhunderten funktionierte und die Kontinente miteinander verband. Es stellte das Grundgerüst eines globalen Handelssystems dar und ließ unter günstigen Bedingungen sogar den direkten Kontakt zwischen weitentfernten Lebens- und Wirtschaftsräumen zu. Damit war ein Austausch von Gütern, Techniken, Standpunkten und Wissen verbunden. Die Berichte von Reisenden lassen erkennen, worauf er basierte, was ihn begünstigte und wie schwer er zuweilen fiel.

Prof. Dr. Folker Reichert
geb. 1949, lehrt mittelalterliche Geschichte an der Universität Stuttgart; zur Zeit unterrichtet er als Gastprofessor an der Yokohama National University (Japan). Zum Thema hat er unter anderem veröffentlicht: Erfahrung der Welt. Reisen und Kulturbegegnung im späten Mittelalter. Stuttgart 2001.

Der Handel zwischen Arabien und Südasien

Unter dem Einfluss des Monsuns

Stephan Conermann

Im Handel zwischen Europa und Süd- bzw. Ostasien spielte neben den unterschiedlichen Landwegen auch der Seeweg eine große Rolle. Allerdings unterlag er viel stärkeren jahreszeitlichen Einschränkungen. Und über Jahrhunderte – bis zu den ausgreifenden Entdeckungsreisen der Portugiesen – dominierten in diesem Metier muslimische Händler.

Die Seidenstraße ist den meisten Menschen ein Begriff. Seit Urzeiten, so die gängige Vorstellung, habe man über diesen Karawanenweg kostbare Güter, aber auch Vorstellungen, Ideen und religiöse Konzepte von Ost nach West und von West nach Ost transportiert. Dies entspricht natürlich weitgehend der Wahrheit, doch wird gern übersehen, dass der wichtigere und vom Volumen her bedeutendere Güteraustausch zwischen dem Fruchtbaren Halbmond und Arabien auf der einen und Indien, Südostasien und China auf der anderen Seite von alters her über den Indischen Ozean lief. Auf den folgenden Seiten soll daher in erster Linie diese südliche Kommunikations- und Kontaktzone von der Ausbreitung des Islams im 7. Jahrhundert bis zur Etablierung der Portugiesen während des 16. Jahrhunderts betrachtet werden.

Der Indische Ozean stellt eine sozial und kulturell sehr ausdifferenzierte Region dar. Wir haben es mit vier sehr unterschiedlichen Kulturräumen zu tun, dem muslimisch-iranisch-arabischen, dem hinduistisch-indischen, dem buddhistisch-südostasiatischen und dem buddhistisch-chinesischen. Jenseits dieser regionalen Identitäten ließ der transasiatische Seehandel allerdings ein ausgeprägtes Einheitsgefühl entstehen. Die Vorstellung eines zusammengehörigen geographischen Raums, der sich über den Austausch von Ideen und materiellen Objekten definierte, war stark, und zwar nicht nur in den Köpfen der Kaufleute, sondern auch in denen der Herrscher und der gewöhnlichen Menschen.

Entscheidend für einen reibungslosen Verkehr über den Indischen Ozean waren natürlich die klimatischen Bedingungen. Das Wind-System, das wir als Monsun kennen, stellte die gesamte Region unter den Einfluss einer einzigen meteorologischen Konstanten. Die einander abwechselnden Hoch- und Tiefdruckgebiete, die mit großer Regelmäßigkeit vom Äquator aus in die Himalaja-Region zogen, kennzeichneten stets den Übergang von Gutwetterperioden zu Regenphasen und von leichten Winden zu Sturm mit orkanartigen Böen. Die Saison für die Schiffahrt auf dem Indischen Ozean war abhängig von den vorherrschenden Winden, die erfahrene Seeleute mit an Sicherheit grenzender Wahrscheinlichkeit vorhersagen und bestimmen konnten. Das

Das traditionelle Schiff des Indischen Ozeans ist die Dhau. Der Sammelbegriff umfasst eine Vielzahl von Segelschiffen, denen aber gemeinsam ist, dass der vorderste Teil des Rumpfes schräg aus dem Kiel hervorgeht (Foto eines omanischen Holzboots von 2004).

Das Medaillon trägt das Porträt des Abbasiden al-Mutawakkil (847 – 861), des neunten Kalifen von Bagdad.

Sonnenjahr war die grundlegende Maßeinheit, und die Tagundnachtgleiche im März und im September trennte die Hoch- von der Tiefdruckperiode. Der Monsun und die damit verbundene Wasserversorgung ließen einen zyklischen Rhythmus des Wirtschafts- und Soziallebens in allen Regionen entstehen, in denen eine nachhaltige Landwirtschaft überhaupt möglich war. Darüber hinaus zog der Monsun die Trennlinie zwischen den Getreidekulturen, insbesondere zwischen den Weizen- und den Reisanbaugebieten, die natürlich keineswegs mit den politischen Grenzziehungen übereinstimmen mussten.

Politische Konstellationen

618 kam in China die Tang-Dynastie an die Macht (bis 907). Die Tang-Zeit bedeutete einen kulturellen und politischen Höhepunkt in der Geschichte Chinas. Das Reich dehnte sich bis nach Korea, Vietnam und Innerasien aus, und die buddhistischen Klöster konnten ihre Macht und ihren Reichtum stark vergrößern. Religionen wie der Islam, das Judentum und das Christentum fassten unter dem zweiten Tang-Kaiser Gaozong (649 – 683) in Ostasien Fuß. Die administrative Vereinheitlichung und die ökonomische Dynamik der Tang-Epoche waren verantwortlich für die Entstehung neuer Konsumentenansprüche und sozial geprägter Forderungen nach Luxusgütern innerhalb des Reiches. Vom 7. bis zum 15. Jahrhundert erlebte die Region enorme ökonomische Wachstumsraten. Sie zog Überlandkarawanen, Gesandtschaften von zu Tribut verpflichteten lokalen Herrschern sowie große ozeantaugliche Schiffe an. Die Sinisierung großer Teile Asiens war einerseits mit der politischen und militärischen Expansion Chinas verbunden und ging andererseits einher mit einer allgemeinen wirtschaftlichen und gesellschaftlichen Akzeptanz seiner kulturellen Werte und seines Lebensstandards. Diese Tendenz setzt sich unter den beiden Zweigen der Song-Dynastie (960 – 1279) mit ihren Hauptstädten Kaifeng und Huangzhou weitgehend fort.

Im Westen entstand im 7. Jahrhundert der Islam. Innerhalb kürzester Zeit breitete er sich über die Gebiete des Fruchtbaren Halbmonds in den Nahen Osten und weiter nach Mittel- und Südasien aus. Auch hier etablierte sich eine machtvolle Zone ökonomischer Bedürfnisse und verstärkter Konsumgüternachfrage. Es handelte sich um eine Wachstumsregion, die ihre wirtschaftliche und fiskalische Stärke daraus zog, dass sich die aus der Antike stammende Ökonomie der Mittelmeerwelt umstrukturierte und die Muslime sich gleichzeitig die produktiven Ressourcen der Länder um den Indischen Ozean nutzbar machten. Der wirtschaftliche Erfolg während der Omaijaden-Herrschaft (bis 750) wurde mit Hilfe von Fähigkeiten erreicht, die die Menschen des Nahen Ostens seit dem Altertum tradiert hatten.

Das Entstehen großer urbaner Zentren (etwa Basra, Kufa, Kairuan) ist eine der wichtigsten Erscheinungen in der islamischen Welt dieser Zeit, und die neuen Hauptstädte (Damaskus, Rakka, Bagdad) führten rasch zu einer Nachfrage nach Erzeugnissen aller Art. Dies wiederum beschleunigte den überregionalen Handel. So förderte der Islam massiv den Austausch von Ideen, Wirtschaftsweisen, ökonomischen Vorstellungen, sozialen Gewohnheiten, politischen Institutionen und künstlerischen Traditionen. Die Wiederbelebung von See- und Karawanenwegen, die den Kaufleuten seit hellenistischen Zeiten bekannt waren, ging hauptsächlich darauf zurück, dass die muslimischen Herrscher in der Lage waren, ihr Eigentum und ihre Untertanen erfolgreich gegen Überfälle zu schützen. So wandelten sich Westasien und ein großer Teil des Mittelmeerraums bis zur Mitte des 8. Jahrhunderts von einer Welt verfallender politischer Institutionen und umstrittener sozialer Praktiken in eine Region, die ein einziger Machthaber von einem Zentrum aus regierte: einem Zentrum, das imstande war, die immensen Ressourcen des Reiches effektiv zu verwalten.

Obgleich das hinduistische Indien und die Inseln des indonesischen Archipels bis zum 13. Jahrhundert nicht zur direkten Einfluss-Sphäre der islamischen Welt gehörten, finden sich in den Quellen Hinweise, dass muslimische Händler und Kaufleute seit dem 8. Jahrhundert ihren Weg über den Indischen Ozean nach Südostasien und China fanden. In Ostafrika kam es seit dem 9. Jahrhundert zu Siedlungen muslimischer Migranten aus den Gebieten um den Persischen Golf und das Rote Meer. Kurze Zeit später gab es große islamische Händlerkolonien in Mogadischu, Sansibar und Kilwa, so dass diese Städte rasch integrale Bestandteile des Indischen-Ozean-Handels wurden. Die arabischen Anstrengungen machten es möglich, die beiden seit der Antike bekannten Arterien des überregionalen Handels zwischen Indischem Ozean und Mittelmeer zu vereinen: den Seeweg durch das Rote Meer und die kombinierte Meer-Fluss-Überland-Reise über den Persischen Golf, den Irak und die Syrische Wüste. Beide Routen fielen nun unter die alleinige Kontrolle der Omaijaden und Abbasiden (750–1258). Darüber hinaus blieben die alten arabischen Karawanenwege nutzbar.

Bis zum Beginn des 10. Jahrhunderts segelten die arabischen Schiffe und mit ihnen die muslimischen Händler den gesamten Weg vom Persischen oder Arabischen Golf über Indien bis nach Südostasien und China und wieder zurück. Im Lauf der Zeit gab man diese Vorgehensweise jedoch auf und bevorzugte kürzere, in Teilabschnitte untergliederte Reisen über eine größere Zahl größerer Hafenstädte. Die Verschiffung von Gütern über den Indischen Ozean (etwa von al-Mahdijja, Kairuan, Palermo oder Córdoba aus) ging nicht länger auf der Basis direkter Beziehungen vonstatten. Die kommerziellen Angelegenheiten der in den Genisah-Dokumenten (Dokumenten von Kaufleuten, die in der Synagoge Kairos aufbewahrt wurden) genannten jüdischen Kaufleute lief in der Regel über Zwischenhändler.

Vom Ende des 10. bis zur Mitte des 15. Jahrhunderts veränderten sich sowohl die Strukturen des interregionalen Handels über den Indischen Ozean als auch die politischen, religiösen und kulturellen Traditionen in der gesamten Region entscheidend. Der Niedergang des Abbasiden-Kalifats und der Aufstieg der Fatimiden in Ägypten (bis 1179) führte zu einer Verlagerung der Haupthandelsroute weg von Bagdad und Damaskus hin nach Aden und Fustat (Kairo). Hinzu kam, dass zu Beginn des 14. Jahrhunderts in Indien das türkische Sultanat von Delhi die Provinz Gujarat eroberte. Damit waren die reichen Häfen an der Westküste des Subkontinents in Reichweite des muslimischen Einflusses. Zur gleichen Zeit begannen die an der Küste gelegenen Reiche des indonesischen Archipels den muslimischen Glauben anzunehmen. Diese Entwicklungen verliefen parallel zu den erstaunlichen Ereignissen, die in der christlichen Hälfte der Mittelmeerwelt vor sich gingen. Der Sieg über die islamischen Herrscher auf der Iberischen Halbinsel und die anschließende vollständige Vertreibung der Muslime sowie der

Die Szene nimmt Bezug auf die Verdrängung der Omaijadenherrscher durch die Abbasidenkalifen (749/50): Auf der Kanzel hält Abul Abbas seine erste Freitagspredigt (persische Miniatur von 1438/39).

Das Minarett aus dem frühen 13. Jahrhundert – ein Siegeszeichen des Sultans Aibak – prägt noch heute das Stadtbild Delhis. Das Sultanat von Delhi, ein muslimisches Reich in Nordindien, existierte von 1206 bis 1526.

imposante Aufstieg der italienischen Städte Venedig und Genua zu Handelsmächten ersten Ranges signalisierten eine Neuorientierung der Weltwirtschaft.

Alle auf uns gekommenen Berichte, so etwa Ibn Battutas (gest. 1368) berühmte Reisebeschreibung, schildern das 14. und 15. Jahrhundert als aus wirtschaftlicher Sicht ungewöhnlich florierend. Der mitunter höchst gefährliche Handel über den Indischen Ozean scheint trotz der Bedrohung durch die Mongolen einerseits und die Pest andererseits sehr rege gewesen zu sein. Die kostspieligen Expeditionen, die die Ming-Dynastie zu Beginn des 15. Jahrhunderts organisierte, sind nur ein Hinweis unter vielen, dass die reichen maritimen Städte an der indischen Küste einen festen Platz in den Köpfen und Vorstellungen mächtiger Minister besaßen, sogar im imperialen China.

Das Entstehen eines großen Handelsraums

Für die Analyse ist es sinnvoll, drei Ebenen von Handel zu unterscheiden, die sich aus der Länge des Weges und den Waren ergaben, die jeweils befördert wurden. Erstens gab es in allen außer den am dünnsten besiedelten Gebieten Asiens einen sehr aktiven lokalen Handel zwischen den Dörfern und den Distrikthauptstädten bzw. zwischen zwei Ansammlungen von Dörfern. Das verbindende Glied dieser Form des Warenaustauschs stellten beispielsweise Wochenmärkte oder reisende Hausierer dar. Landwirtschaftliche Produkte, industrielle Rohmaterialien, Textilien und Geschirr bildeten den zentralen Teil dieser lokalen Tauschwirtschaft. Eine Tagesreise zu Fuß oder mit langsamen Fahrzeugen bestimmte ihre Ausdehnung von etwa 20 bis 30 Kilometern.

Zweitens existierte darüber ein regionaler Handel, der vorwiegend Großhändler und Großhandelsmärkte versorgte. Waren, die in diesen Kreislauf gelangten, befriedigten die Bedürfnisse von Regionen, in denen bestimmte Lebensmittel, industrielle Güter und Produkte aufgrund des lokalen Klimas oder von Besonderheiten der örtlichen Geographie nur eingeschränkt vorhanden waren. Die Entfernung zwischen den regionalen Märkten schwankte stark, und der Handel bewegte sich in der Regel über Land, auf Flüssen und über das Meer. Die Kamelkarawanen zum Beispiel, die sich aus den nördlichen Städten Chinas aufmachten, um die Gobi-Wüste zu durchqueren, entluden ihre Waren in Turfan, Urumtschi oder Kuldscha. Diese städtischen Basare belieferten wiederum andere nördliche oder westliche Regionen Zentralasiens. Auf ihren Reisen legten die Händler jährlich mehrere tausend Kilometer zurück, gehörten aber dennoch nur zu einem regionalen Netzwerk. Zur gleichen Kategorie zählten Kaufleute, die ihre Güter zur See von Maskat in die Hafenstädte Gujarats brachten – eine Fahrt von 1800 Kilometern, die ungleich sicherer und schneller war.

Die dritte Ebene bildet das, was gemeinhin als der eigentliche vormoderne interregionale Handel bezeichnet wird. Dieser Warenverkehr hatte eine transkontinentale Dimension und war stark durch die ausgetauschten Güter geprägt. Die Artikel, die hier transportiert wurden, waren weltweit begehrt: Seide, Brokat, feine Baumwolle, Porzellan, Juwelen, Gewürze und reinrassige Pferde. Der transkontinentale Handel hatte zwei Charakteristika: Zum einen benötigte man bei der Verschiffung von Luxusgütern als Ausgleich immer auch Massenware, um die Risiken eines Verlusts zu mindern. Da die Einkaufs- und die Verbrauchsmärkte weit auseinander lagen, verwalteten zum

Die Fotografie zeigt die Zitadelle einer Stadt bei Turfan (im Zentrum des Uigurischen Autonomen Gebiets Xinjiang), die in der Han-Zeit zur Sicherung der Seidenstraße gegründet wurde.

Pfeffer war durch die Zeiten ein wichtiges Handelsgut. Die persische Miniatur zeigt einen Pfefferbaum und die Gewinnung des Gewürzes.

anderen lokale Handelsemporien (Stapelplätze) den Transport der Waren, die von China, Südostasien oder Indien in das östliche oder westliche Mittelmeer kamen. An jedem dieser Umschlagplätze konnten Güter in kleinere Portionen aufgeteilt oder in einem Paket von einem Zwischenhändler an den nächsten gegeben werden.

In jeder Hafenstadt war die größte Angst der Kaufleute, dass nicht ausreichend Massenwaren zur Verfügung stünden. Diese benötigte man, um die Versicherungsrisiken der kostbaren und feinen Güter auszugleichen: Die Gefahr von Schiffbruch oder Piraterie gebot, den Wert der mitgeführten Waren auf eine bestimmte Höhe zu begrenzen. Vernünftige Schiffsbesitzer und Kaufleute, die ihre Fracht Überseeagenten anvertrauten, machten es daher zur Bedingung, dass die von ihnen ausgewählten Schiffe eine gemischte Warenladung mit sich führten. Die traditionelle Ballastware auf Schiffen nach Indien, Afrika und Südostasien waren Datteln. So ist es nicht verwunderlich, dass Dattelkörbe die Standard-Maßeinheit waren, wenn es darum ging, die Schnelligkeit eines Schiffes oder die Größe eines Bootes zu bestimmen.

Der mittelalterliche Asienhandel beruhte hauptsächlich auf den vier bedeutenden Erzeugnissen der östlichen Zivilisationen: Seide, Porzellan, Schwarzer Pfeffer und Sandelholz, die sich hohen Ansehens und großer Nachfrage erfreuten. Getauscht wurden sie gegen Weihrauch, Gummiarabikum, Harz, reinrassige Pferde, Elfenbein, Baumwolltextilien und Metallwaren. Eine Karte zur Struktur von Warenproduktion und Warenaustausch über den Indischen Ozean würde regionale Ungleichgewichte aufzeigen. Im Mittleren Osten gab es einen großen Bedarf an Lebensmitteln, Aromastoffen, medizinischen Pflanzen und handwerklich gefertigten Produkten aus anderen Teilen Asiens. Es ist umstritten, ob die muslimische Welt in dieser Zeitspanne ein permanentes Defizit in ihrer Handelsbilanz hatte. Vermutlich wurde der Handel mit Indien, dem indonesischen Archipel und China durch den Export von Edelmetallen ausgeglichen. Insgesamt scheint sich der Mittlere Osten in einer finanziell komfortablen Situation befunden zu haben. Die positive Bilanz kam dem Staatsschatz zugute; und was nicht als Reserve zurückbehalten wurde, investierte man wieder in den Güteraustausch mit dem Osten.

Ganz anders sah die Position des indischen Subkontinents aus. Seine diversifizierte Ökonomie und seine große klimatische Vielfalt bildeten die Grundlage für ein breites Spektrum an Handelsgütern. Südasien blieb die ganze Zeit über die führende Exportregion Asiens. Dass soziale Konventionen und die finanziellen Nöte des Staates die Beziehung zwischen Herrschern und Kaufleuten bestimmten, ist einsichtig. Handel blieb allerdings stets eine spezialisierte Beschäftigung, deren Prestige weit hinter dem von Militär und Verwaltung rangierte. Die allgemeine Verachtung gegenüber Händlern ist eines der Themen, die asiatische Quellen am nachdrücklichsten zum Ausdruck bringen.

Es liegt auf der Hand, dass die Händler innerhalb eines so großen Interaktionsraums sowohl eine gemeinsame Maßeinheit für den Wert einer Ware als auch einen den Vergleich ermöglichenden Preisindex finden mussten. Der Gebrauch von Edelmetallen als Währung war in den Regionen um den Indischen Ozean ganz unterschiedlich. Für hinduistische wie für muslimische Machthaber war die Herstellung von Münzen eine Frage des Herrschaftsanspruchs. Im muslimischen Bereich kam die eigenständige, unautorisierte Münzprägung einer offenen Rebellion gleich. Eine Gold- oder Silbermünze mit einem festgesetzten Gewicht und einer festgelegten Legierung gab ihrem Besitzer das Recht, damit bestimmte Warenmengen und Dienstleistungen zu kaufen. Preise konnten auf zweierlei Weise ausgedrückt werden: eine bestimmte Menge genau spezifizierter Münzen pro Wareneinheit oder eine bestimmte Menge Waren für eine Münze. In Indien und im Mittleren Osten wurde der Wert der Währung aufrechterhalten, indem man auf häufigen Neuprägungen bestand: Da die islamischen Münzen keinen Schutzrand besaßen, war es sehr einfach, kleinere Stücke abzuschneiden. Darüber hinaus führte der geringe Anteil an unedlem Metall, das man der Legierung beifügte, zu einer natürlichen Abnutzung der Stücke durch den Gebrauch. Um den Münzwert langfristig beizubehalten, wandte man eine recht einfache Methode an: Frisch geprägte Münzen besaßen einen theoretischen Wert von 100. Sämtliche späteren Ausgaben derselben Münze mit identischem Prägestempel wurden jährlich im Wert zu einem bestimmten Satz verringert. Dasselbe Prinzip wandte man auf fremde Währungen an. Erreichte nach einer Zeitspanne von drei oder vier Jahren der Wertverfall die Kosten der Münzprägung, gab es keinen Anreiz mehr, die Münzen in Umlauf zu behalten: Sie wurden eingezogen und eingeschmolzen, und man stellte neue Stücke her. Es handelte sich um eine Münzpolitik, die den Währungshütern und den offiziellen Münzbe-

Der Golddinar aus dem 12./13. Jahrhundert besaß – wie im damaligen Indien- und Zentralasienhandel üblich – kein festgelegtes Gewicht, sondern wurde durch Beschneiden am Rand auf das für die Zahlung gewünschte Gewicht gebracht.

Streng normiert im Gewicht waren dagegen die Münzen der mongolischen Ilkhane (oben ein Doppeldirham); die Silbermünzen wurden im zweiten Viertel des 14. Jahrhunderts in großem Umfang gegen Gold ins Sultanat Delhi exportiert.

Das Abwiegen gehört aufs engste zum Kaufmannsberuf (Miniatur aus dem fatimidischen Fustat/Kairo, 10.–12. Jahrhundert).

amten viel Macht gab. Gold und Silber bildeten die universalen Maßeinheiten für den Wert einer Ware im Indischen Ozean, Kupfermünzen befriedigten dagegen den Bedarf der ärmeren Leute.

Eine fundamentale Umschichtung der Kaufkraftverhältnisse fand im 16. Jahrhundert statt, als Europäer die Route um das Kap der Guten Hoffnung erschlossen. Innerhalb eines halben Jahrhunderts nach der Entdeckung Amerikas gelangten Gold und Silber, die von dort mitgebracht worden waren, in den europäischen Geldumlauf. Diejenigen Länder, die diese unschätzbare Kapitalspritze erhielten, erhöhten ihre Staatsausgaben deutlich. Teilweise richteten sich die Konsumansprüche auf asiatische Waren, die in wachsendem Maß importiert wurden – ein deutliches Indiz für die fortgeschrittenere asiatische Industrieproduktion, aber auch für die Vergrößerung des Geldflusses. Bezahlt wurde mit spanisch-amerikanischem Gold oder Silber.

Die Strukturen des auf der Basis von Edelmetallen durchgeführten Handels begannen sich zu ändern. Anstelle kleinerer Transaktionen mit Münzen unterschiedlicher Herkunft wurde nun in großem Umfang mit Silber gehandelt – in Form gestempelter Barren oder von Reales (seit dem 16. Jahrhundert prägte man aus dem südamerikanischen Silber Real-Stücke; am bekanntesten ist wohl die Münze zu acht Reales, die mit einem Gewicht von etwa 27 Gramm dem Taler gleichwertig war). Mit der Verkürzung der Reisezeit des spanisch-amerikanischen Silbers zu den Handelsplätzen um den Indischen Ozean erhöhte sich das Tempo des Warenaustauschs. Die wirtschaftlichen Folgen, die diese Ausweitung der Geldmenge mit sich brachten, veränderten die Handelsräume in Indien, Südostasien, im Mittleren Osten und in China grundlegend.

Handel, Banken und islamisches Recht

Über die rechtlichen Bedingungen des Handels über den Indischen Ozean sind wir nur wenig informiert. Allerdings wurden ein ausgefeiltes kommerzielles Vertragswesen und der Grundsatz, juristische Prinzipien als Basis kaufmännischen Handelns anzuerkennen, nach der Entstehung der islamischen Ökumene zum Allgemeingut. Es existierte ein weitgespanntes Bankwesen, das es den Händlern erlaubte, über große Entfernungen hinweg Geschäfte durchzuführen. Alle Bankgeschäfte hatten jedoch im Rahmen des islamischen Rechts zu erfolgen. Damit waren zunächst die Geschäfte ausgeschlossen, die mit Alkohol, mit Rauschmitteln, Prostitution, Schweinen oder unrein geschlachtetem Fleisch zu tun hatten. Wichtiger war jedoch die generelle Ablehnung von Zins (*riba*), etwa bei Schuldverschreibungen. Allerdings gab es Ausnahmen. Auch wenn die meisten Muslime aus den Koranversen zum *riba*-Verbot geschlossen haben, dass jegliche Darlehen mit festem Aufschlag für den Darlehensgeber unmoralisch und verboten sind, waren sich Koran-Exegeten und islamische Rechtsgelehrte seit den Anfängen des Islam uneins darüber, wie eng das Verbot auszulegen und was genau mit *riba* gemeint sei. Ebenso verhielt es sich mit dem *gharar*. Damit ist jede Form von Spekulation, Risiko oder Unsicherheit gemeint. Bei vielen Transaktionen ließ sich dieses Verbot kaum einhalten, weshalb islamische Kaufleute oft gezwungen waren, ein gewisses Maß an *gharar* zu akzeptieren.

Das klassische islamische Vertragsrecht sah nur physische Personen als vertragsfähig vor. Im Lauf der Zeit entwickelte man aus dem islamischen Recht aber verschiedene Vertragsmodelle, die sich im Alltagsgeschäft als sehr effizient erwiesen. Ein paar Beispiele: Mit *musharaka* wird eine Handelsgesellschaft zur Finanzierung des Kaufs oder Verkaufs einer Ware bezeichnet. Sowohl die Bank als auch der Partner beteiligen sich finanziell an der Transaktion, aber nur der Partner führt das Geschäft durch. Unter *mudaraba* ist eine Partnerschaft zu verstehen, bei der ein Investor einem Agenten Kapital überlässt, damit Letzterer Handel treibt; den Gewinn teilt er dann mit dem Kapitalgeber in einem vorab ausgehandelten Verhältnis. Einen Verlust trägt dagegen der Kapitalgeber; der Agent büßt lediglich die aufgewendete Zeit und Arbeit ein. *Murabaha* stellt eine Kombination von Kauf und Kreditkauf dar und ist damit eine islamische Alternative zum Kreditbrief. Es geht um einen Weiterverkauf mit Gewinnaufschlag. Der Vertrag besteht aus zwei Teilen: erstens dem Versprechen des Auftraggebers, die Ware beim Eintreffen abzunehmen; zweitens dem Kaufvertrag, wobei Letzterer erst abgeschlossen ist, wenn die Bank die Güter erworben hat. Konkret: Ein Darlehensnehmer verkauft dem Darlehensgeber einen Gegenstand für 1000 Dirham, zahlbar sofort und in bar; gleich darauf kauft er den Gegenstand für 1250 Dirham zurück, zahlbar in zwölf Monaten.

Die flexibelste Form der Kapitaltransaktion stellte das Geschäft mit Wechseln dar. Unter Wechsel verstanden die muslimischen Händler – wie auch heute üblich – ein Wertpapier, das eine unbedingte Anweisung des Ausstellers an den Bezogenen enthält, an ihn oder einen Dritten (Begünstigten, Remittenten) zu einem bestimmten Zeitpunkt an einem bestimmten Ort eine bestimmte Geldsumme zu zahlen. Der Wechsel wird, da er urkundlichen Charakter hat, nur mittels Indossament (schriftlichem Übertragungsvermerk, meist auf der Rückseite des Dokuments) übertragen. Das Recht aus einem Wechsel kann nur durch Vorlage des Wechsels geltend gemacht werden. Existenz, Fälligkeit und Durchsetzbarkeit der Verpflichtungen aus einem Wechsel, die nach der Annahme durch den Bezogenen entstehen, sind losgelöst von der Forderung aus dem Grundgeschäft, dessentwegen der Wechsel geleistet wurde.

Alle führenden Handelsplätze im Indischen Ozean besaßen zusätzlich zu den normalen Warenmärkten Märkte für Edelmetalle und Wechsel. Wechsel, die in der einen Hafenstadt ausgefüllt und in einer anderen eingelöst wurden, gaben den Kaufleuten die Möglichkeit, spekulative Investitionen zu tätigen und gleichzeitig das Risiko zu vermindern, das immer dann bestand, wenn man Barkapital in Form von Gold und Silber mit sich führte. Ein anderer Aspekt betraf die Kapitalakkumulation. Ein fähiger Kaufmann konnte in einem bestimmten Markt Chancen ausmachen; investierte er dann erfolgreich in dieses Risikogeschäft, wurde er reich. Hatte sein Unternehmen eine gewisse Größe erreicht, entwickelte sich das Geschäft zum Selbstläufer und damit zu einer Maschine zur Generierung von Kapital. Das Problem bestand für derartige Unternehmer nicht mehr darin, Kapital zu bekommen, sondern wie man es am besten wieder reinvestieren konnte.

Seeleute und ihre Schiffe

In jeder Gesellschaft sind diejenigen sofort wahrnehmbar, die ihr Brot auf dem Meer verdienen: Fischer, Korallentaucher, Schiffbauer, Netzknüpfer, Netzflicker, Matrosen usw. Ihr Kontakt mit dem Meer begann normalerweise in früher Kindheit und dauerte das ganze Leben an. Solche Leute fanden sich überall um den Indischen Ozean: in Maskat und Bahrain, in dem Sumpfgebiet um Basra, die

Die erstaunlichen Fähigkeiten arabischer Astronomen basierten nicht zuletzt auf Geräten wie dem Astrolabium (hier ein Beispiel aus dem Jahr 900 aus Ägypten).

Zwei Männer beobachten die Sterne durch ein Fernrohr (Mogul-Malerei des 16. Jahrhunderts).

gesamte indische Küste entlang, in Indonesien und Südchina. Leider bekommen wir in den historischen Quellen nur allzu selten einen Einblick in den sozialen Hintergrund dieser Menschen.

Im Mittleren Osten und in Indien existierte vor dem 16. Jahrhundert eine reiche nautische Tradition. Bekannt waren unter anderem die mathematischen Methoden zur exakten Bestimmung der Breitengrade und der Sternenhöhe. Ein Steuermann musste auf dem Indischen Ozean allerdings nicht nur über fundierte theoretische Kenntnisse verfügen, sondern er musste sich auch gut in den Gewässern auskennen, die er durchquerte. Zahlreiche geographische Merkmale, die man nur aus eigener Erfahrung und Anschauung einschätzen konnte, halfen ihm, das Schiff sicher zum Zielhafen zu bringen. Die naturräumlichen Wegweiser zeigten ihm, in welcher Art von Gewässer er sich befand und wo er am besten ankern und an Land gehen konnte. Die Beschaffenheit des Seebetts, der Meerespflanzen und -fische, der Vögel und des Treibguts, die Form der Berge, die man aus der Ferne sah, und der Wechsel der Winde – all dies barg Botschaften, die er zu dekodieren in der Lage war.

Der bekannte Hofchronist des Mogulherrschers Akbar (1556–1605), Abu l-Fazl Allami, schrieb in seinem Geschichtswerk, dass sich in einem großen Boot zwölf Kategorien von Seeleuten befanden. Der wichtigste war der *nakhuda*, dem normalerweise das Schiff gehörte und der die Reiseroute bestimmte. Gefolgt wurde er von dem *muallim* oder Kapitän, dem die Verantwortung für alle navigationstechnischen Angelegenheiten oblag. In jedem größeren Seehafen des Indischen Ozeans – etwa in Hormus, Aden, Cambay, Surat und Malakka – versammelte sich eine große Zahl von Menschen, wenn sich die Seefahrtsaison näherte: Matrosen, Seeleute, Steuermänner, Kapitäne ..., die den Kaufleuten ihre Dienste anboten. Florierende Handelsunternehmen heuerten *nakhudas* an, die jedes Jahr aufs Neue das Kommando über die großen Schiffe bekamen.

Die genaue Reisezeit für ein Segelschiff richtete sich nach den Wetterbedingungen. Eine große Herausforderung für die Schiffahrt stellte stets der Hurrikan-Gürtel dar, der sich zwischen zehn bzw. 30 Grad südlicher Breite und 60 bzw. 90 Grad östlicher Länge befand. Darüber hinaus setzte sich jedes Schiff, das außerhalb der Saison auf dem südlichen Teil des Indischen Ozeans segelte, enormen Gefahren aus. In der nördlichen Hälfte machte es hingegen der Umstand, dass der Monsun voraussagbar war und die lokalen Windgegebenheiten bekannt waren, für die Navigatoren einfacher, in die gewünschte Richtung zu segeln. Der Südwest- und der Nordost-Monsun teilten den Kalender in zwei Hälften. Die Zeit, gen Osten zu segeln, begann just in dem Moment, in dem der Südwest-Monsun einsetzte. Von Juni bis August, wenn die Winde am stärksten waren, blieben die Häfen an den westlichen und östlichen Küsten Indiens für den Seeverkehr geschlossen. Der Wechsel der Monsunperioden fiel ungefähr mit den Tagundnachtgleichen zusammen (also dem Tag, an dem die Sonne während ihrer scheinbaren Bewegung um die Erde den Himmelsäquator überschreitet). Der Nordost-Monsun dauerte von Oktober bis März und brachte leichte Winde und gutes Wetter samt einem Hochdruckgebiet – dies war die Saison für Fahrten von Ost nach West.

Der Seefahrer Ahmad Ibn Madschid (gest. um 1500) schildert in seinem Buch über die Nautik, dass die Kunst der Seefahrt in entscheidendem Maß von zwei unterschiedlichen Beobachtungsgrößen abhing. Die erste war die Messung der Sternenhöhen, durch die die Breitengrade bestimmt wurden. Die zweite bildeten die Kurse, die man mittels eines magnetischen Kompasses bestimmte. Durch die Kombination beider Methoden konnte ein Kapitän oder ein Lotse die Route eines Schiffes festlegen.

Es gab unterschiedliche Formen, auf See zu reisen. Für einen in theoretischen Dingen nicht sehr versierten Kapitän war es am einfachsten, relativ nahe der Küste zu segeln. Allerdings erforderte auch dies einen hohen Grad an seemännischer Erfahrung, denn die Küstengewässer waren nicht minder gefährlich als das offene Meer. Machte es eine Route erforderlich, mehrere Tage ohne Sichtkontakt zur Küste zu segeln, folgten die Seeleute entweder einem direkten Kurs zwischen Ausgangs- und Zielpunkt oder änderten an einem bestimmten Punkt auf See einmal ihre Richtung.

Ein Astronom umgeben von seinen Gerätschaften: Astrolabium, Tafeln der Sternkreiszeichen, Stundenglas (Mogul-Zeichnung des frühen 17. Jahrhunderts).

Beide Fahrweisen erforderten die Kalkulation von Breitengraden. Um die genaue Position des Schiffes zu berechnen, benötigte man eine ordentliche Kompass-Steuerung und eine exakte Zeitmessung. Auf einem gewöhnlichen Schiff bewerkstelligte der Navigator die Berechnung der Sternenhöhe mit Hilfe eines Bretts, das er in Armlänge vor sich hielt. Darüber hinaus gab es eine tabellarische Aufstellung der Breitengrade gemäß ihrer Position zum Polarstern. Ein großes Problem in der vormodernen Seefahrt brachte der Umstand mit sich, dass man die Längengrade nicht bestimmen konnte. Aus diesem Grund war es nicht möglich, direkt von Ost nach West bzw. von West nach Ost zu segeln, es sei denn, der Breitengrad des Abfahrtspunkts fiel zufällig mit dem des Zielorts zusammen.

Das Handwerk des Schiffbaus um den Indischen Ozean war nicht auf eine bestimmte Region beschränkt; dennoch bildeten sich in einigen Fällen Zentren heraus, da es bisweilen schwierig war, die geeigneten Materialien zu bekommen. Soweit das Design des Rumpfes, das Tauwerk und die Konstruktionsmethoden betroffen waren, blieb die Typologie der Schiffe insgesamt ziemlich stabil. Änderungen gab es etwa in der Form des Kiels, der nach und nach modifiziert wurde, bis man eine haltbarere und solidere Version erreichte. Schließlich musste ein Schiff, das regelmäßig länger als drei Wochen auf hoher See und nicht in Küstennähe verkehrte, so gebaut sein, dass es dem unaufhörlichen Druck der Wellen standhielt und, falls es beschädigt wurde, leicht zu reparieren war.

Da die asiatischen Schiffbauer ihr Handwerk nur auf empirischer Basis ausübten – sie arbeiteten stets nach Augenmaß –, gab es keine systematischen schriftlichen Angaben über den Bau von Schiffen, und so fehlen auch entsprechende Überlieferungen über den vormodernen Schiffbau oder das Schiffswesen insgesamt. Aus den auf uns gekommenen Berichten wird aber deutlich, dass grundsätzliche Überlegungen die Größe und den Umfang eines für den Indischen Ozean tauglichen Schiffes bestimmten: Die Form des Rumpfes unterhalb der Wasserlinie richtete sich nach der Tiefe und der Natur der Küstengewässer und nach der Häufigkeit, mit der Häfen und Reeden angelaufen wurden. Das Vorhandensein von Korallenriffen entschied darüber, ob ein Schiff mit Steuerbordru-

Die Dhau ankert in der Bucht von Maskat (Oman): Noch heute werden die traditionellen Holzschiffe gebaut, nicht zuletzt in Kutsch (Gujarat) an der Oman gegenüberliegenden Küste Indiens.

dern ausgestattet wurde oder ob der Steuermechanismus am Heck aufgehängt war (mit Steuerbordrudern konnte ein Schiff ein Hindernis viel schneller umfahren, während der Richtungswechsel mit einem normalen Boot weit vor dem Objekt eingeleitet werden musste).

Normalerweise klassifizierte man Boote, die mehr als vier Faden (1 Faden = 2 Yard = 6 Feet = 72 Inches = 182,88 Zentimeter = 1,8288 Meter) Wassergang hatten, als Hochseeschiffe, die zum Be- und Entladen die Hilfe leichterer Boote und Barken benötigten. Die Verschiffung von Frachtgut war immer mühsam und kostspielig und nur dann gerechtfertigt, wenn die Reise einen beträchtlichen Profit versprach.

Auf dem Roten Meer war das Schiffshandwerk historisch an einen kleinen Schiffstypus gebunden, den man Sambuk nannte. Die großen Getreideschiffe, die das ägyptische Korn etwa in den Hedschas transportierten, bezeichnete man später als „indische Schiffe". Ob dieser Name bedeutet, dass die Schiffe von dem indischen Subkontinent importiert worden waren, ist nicht bekannt. Sicher ist jedoch, dass es weder im Umfeld des Roten Meeres noch am Persischen Golf einheimische Hölzer gab, die sich für den Bau großer, hochseetüchtiger Schiffe geeignet hätten. Teak aus Malabar, ergänzt durch afrikanisches Hartholz, stellte in diesen Regionen das Rohmaterial für muslimische Schiffbauer dar. Es ist gut möglich, dass das konventionelle Frachtschiff des westlichen Indischen Ozeans, bekannt als *boom* oder *dhangi*, ursprünglich in einer Werft in Malabar, Konkan oder Gujarat entwickelt und gebaut worden ist.

Überall gab es einen stürmischen Handel mit neuen Schiffen. Nachdem die muslimischen Schiffbauer aber die Konstruktion der in Indien zusammengesetzten Boote bei Reparaturarbeiten oder im Rahmen der saisonalen Pflege des Rumpfes an Land hatten studieren können, fiel es ihnen natürlich leicht, die Schiffe mit dem importierten Holz nachzubauen. Die traditionellen Zentren des Schiffbaus im Nahen Osten lagen im Oman und in Bahrain sowie in den Golf-Häfen weiter nördlich.

Die Kombination von See- und Karawanenhandel

Die Küstenregionen und Hafenstädte waren Treffpunkte zwischen den Seeleuten und denjenigen, die nicht auf oder vom Meer lebten, aber dennoch auf den Seehandel angewiesen waren. Das Band zwischen Land und Meer endete hier jedoch nicht. Vielmehr war der maritime Handel in Asien auf die im Inland gelegenen urbanen Zentren angewiesen, deren Landwirtschaft und handwerkliche Betriebe in der Lage waren, einen Überschuss an Lebensmitteln und industriellen Rohmaterialien zu produzieren. Der Karawanenhandel war das spektakulärste Symbol dieses unsichtbaren Bandes, obwohl die Flusswege eine nicht geringere Rolle spielten. Alle großen Flüsse zum Indischen Ozean – Euphrat, Tigris, Indus, Ganges, Chao Praya, Mekong, Xi Jiang, Yangzi/Chang Jiang – wurden zum Transport von Gütern benutzt. Die Fracht bestand in der Regel vor allem aus Datteln, aus Silbermünzen, die aus Europa importiert waren, und aus Luxusgütern.

Auf den asiatischen Flüssen stellte die Navigation die Seeleute vor keine besonderen Probleme, doch war sie stark saisonalen Gegebenheiten unterworfen. Während der Trockenmonate, die mit dem einsetzenden Frost im Himalaja zusammenfielen, sank der Pegel so sehr, dass weder der Indus noch der Ganges auf ganzer Länge befahrbar waren. Setzten von Juni an mit dem Südwest-Monsun die Regenfälle ein, wurden die Ströme wieder schiffbar. Normalerweise verwandte man große, flachbäuchige Boote, um alle Arten von schweren Waren transportieren zu können.

Ergänzt wurde der Flussweg durch Karawanen. Viele Hafenstädte waren davon abhängig, dass der Verkehr auf den Karawanenwegen ohne Unterbrechung floss. Besonders wichtig war dies für die Häfen in unmittelbarer Nachbarschaft zum Golf von

Die Staats-Dhau Omans entsteht nach traditionellem Muster in der Werft von Sur am Golf von Oman.

Schiff im Persischen Golf: Die Miniatur stammt aus einer arabischen Handschrift von 1237, die eine Dichtung Abu Mohammed al-Kasim Hariris illustrierte.

Suez, denn ohne die kommerziellen Verbindungen zwischen Indischem Ozean und Mittelmeer wären sie allesamt kollabiert. Für den Handel zwischen nördlicher Levante und Persischem Golf waren die Karawanenwege durch das obere Mesopotamien und Syrien lebensnotwendig. Das vielleicht bekannteste Beispiel für die Symbiose zwischen Hafenstädten und Verkehrswegen über Land waren die iranischen Handelsemporien Siraf, Kish, Hormus und Gambroon (Bandar Abbas). Diese Orte bildeten die Endpunkte eines Karawanenwegs, der oftmals am Rand der Wüste Gobi begann und dann über die berühmten Oasenstädte Zentralasiens und das iranische Hochland führte.

Es gab Routen, die von einem Ende Asiens bis zum anderen Ende führten. Häfen, die eher kürzeren, lokaler ausgerichteten Reisen dienten und mit dem Hinterland durch kleinere Straßen verbunden waren, blieben dagegen in der Regel außerhalb des Einflussgebiets der transkontinentalen Karawanen. Mehrere berühmte Landwege verbanden in der hier betrachteten Epoche die drei Kontinente Asien, Afrika und Europa: Im Westen waren die Städte des muslimischen Maghreb vernetzt, und es gab einen regelmäßigen Verkehr zwischen Ägypten, Tunesien und Marokko. Orte wie al-Mahdijja, Karawajn, Fes, Marrakesch und Sidschilmasa gehörten ebenso zu diesen transkontinentalen Austauschbeziehungen wie die urbanen Zentren in Irak, Syrien und Ägypten. Alexandria und Fustat (Kairo) waren die wichtigsten Knotenpunkte für nordafrikanische Karawanen (*kafila*), die dort die letzte Etappe des Handels über den Indischen Ozean begannen. Denn dorthin hatten Kamelkarawanen die Güter transportiert, die auf dem Seeweg nach Suez oder Kulzum gebracht worden waren. Auf den Märkten Alexandrias und Fustats wurden dann die *kafila* ausgestattet, die nordafrikanische Ziele ansteuerten. Gleichgültig, ob der Warenverkehr durch den Persischen Golf oder das Rote Meer ging: Die letzte Etappe des Handels zwischen dem östlichen Mittelmeer und dem Indischen Ozean erfolgte zu Land.

Die längsten Strecken, die zu Land zurückgelegt werden mussten, begannen alle in den Hafenstädten Palästinas und Syriens. Alle Händlergruppen kamen dann in Bagdad zusammen. Die Abbasiden-Hauptstadt war der Treffpunkt der Karawanen aus Indien, Iran, Zentralasien und China. Von hier aus hatten die Karawanenhändler die Wahl zwischen zwei Alternativen: Sie konnten entweder einen kurzen Weg nehmen, der durch die fruchtbare Provinz Khusistan nach Schiras, Siraf, Kish und Hormus führte. Oder sie entschieden sich für den Hauptweg, auf dem man in zahlreichen Etappen bis zu den wichtigen Städten Nordindiens oder über Zentralasien zur Großen Mauer und nach China gelangte.

Hatten die Karawanen Bagdad verlassen und sich in Richtung Indien oder Zentralasien begeben, erreichten sie als Erstes Hamadan. Am Ende des zweiten Abschnitts lag Nischapur oder Meschhed; die Straße zog sich entlang dem südlichen Rand des Elburs-Gebirges, das das salzhaltige iranische Hochplateau von den feuchten Regionen um das Kaspische Meer trennte, wo man Getreide anbauen konnte. Am Ende des zweiten Abschnitts teilte sich die Strecke: Eine Route führte nach Balkh und Kabul und von dort nach Multan, Lahore und Delhi in Indien. Die zweite verband Herat, Kandahar, Ghazni und Kabul. Die dritte war die transasiatische Route nach Ostasien.

Während einzelne Händler und Kaufleute aus dem Nahen Osten oder Europa, die sich nach China begeben wollten, keine Wahl hatten, als den gesamten langen und beschwerlichen Weg selbst zurückzulegen, bot es sich für organisierte Karawanen an, die Reise an bestimmten Umschlagpunkten zu beenden und die Waren umzuladen. Buchara und Samarkand blieben während der gesamten Zeit die wichtigsten mittelasiatischen Zielorte für Karawanen aus Aleppo und Bagdad. Hier warteten Händler auf sie, die aus Turfan kamen – einem Ort im Zentrum der zentralasiatischen Handelswege – oder die aus Kaschgar, Jarkand oder Khotan stammten.

Der zentralasiatische Karawanenhandel ist komplementär zum transkontinentalen maritimen Warenaustausch zu sehen. Vor dem 16. Jahrhundert hingen der globale Handelsrhythmus und das globale Handelsvolumen stark davon ab, dass diese beiden unabhängigen Güterkreisläufe funktionierten. Beeinträchtigten politische Schwierigkeiten den Warenaustausch über Land oder kam dieser gar zum Erliegen, gewann an seiner Stelle der Seehandel an Bedeutung – und umgekehrt.

Was für ein Volumen erreichte der Handel über den Indischen Ozean? Das ist kaum zu benennen. Bedauerlicherweise haben weder die Händlerorganisationen noch einzelne Kaufleute ihre Bücher und Dokumente aufbewahrt, so dass wir über die Gewinnkalkulationen keine zuverlässigen Aussagen treffen können. Im Gegensatz zur asiatischen Welt kennt Europa die Theorie der doppelten Buchführung, seitdem der italienische Franziskanerpater Luca Pacioli 1494 in einem Buch die damals vermutlich in Genua, Venedig und Florenz verwandte Methode dargestellt hat. Voraussetzung dafür waren die Einführung von Sachkonten (vorher gab es nur Personenkonten), die Gegenbuchung sowie die Einführung von Kapital- und Erfolgskonto. Man spricht von „doppelter“ Buchführung, weil jeder Geschäftsvorgang in einem geschlossenen Kontensystem zweifach erfasst wird: als Soll und als Haben; das heißt, zu jeder Buchung gehört eine Gegenbuchung. Seit 1426 ist belegt, dass Warenkonten sowohl als Warenbestands- als auch als Warenverkaufskonten geführt wurden.

Überfälle waren ein großes Problem für Karawanen, weshalb sich die Kaufleute immer zu Reisegruppen zusammenschlossen. Die persische Miniatur aus dem 17. Jahrhundert zeigt, wie eine Karawane vor einem Überfall geschützt wird.

Für den europäisch-asiatischen Bereich lassen sich bis zum Auftauchen der großen bürokratisch organisierten europäischen Handelsgesellschaften im 17. Jahrhundert keine auch nur annähernd genauen Angaben über den Umfang des Warenaustauschs machen. Man kann aber davon ausgehen, dass der Fernhandel innerhalb des gesamten Warenverkehrs dieses Raumes in der hier betrachteten Periode marginal war. Wenige Hafenstädte des Indischen Ozeans produzierten Exportgüter in wirklich größerem Umfang. Die meisten Artikel mussten von weit her über Land zu den Umschlagplätzen an der Küste gebracht werden. Dieser Transport war kompliziert, gleichgültig, ob er auf Packtieren wie Eseln, Kamelen, Pferden oder Ochsen, auf Karren oder Wagen erfolgte. Zu viele Faktoren entschieden über Erfolg oder Misserfolg eines Unternehmens, und nicht alle ließen sich von den Händlern und Transporteuren kontrollieren. Schiffsbesitzer mussten einer ganzen Reihe zufälliger oder systemimmanenter Widrigkeiten Herr werden, bevor sie aus dem Handel wirklich Profit schlagen konnten. Stürme, Riffs, Untiefen und Piraterie waren die schlimmsten Feinde der Seeleute; gleich danach folgte das Problem, dass man in einem Hafen landete, in dem keine ausreichende Menge Frachtgut zur Verfügung stand.

Die Portugiesen kommen

Das Vordringen der Portugiesen lässt sich in drei Phasen einteilen. Die erste reichte vom ausgehenden 15. Jahrhundert bis zum Tod des portugiesischen Vizekönigs Afonso de Albuquerque im Jahr 1515. Die meisten asiatischen Herrscher, die in den überregionalen Seehandel involviert waren, wurden völlig überrascht von der unbeirrbaren Entschlossenheit, mit der die Portugiesen die wertvollsten und profitabelsten Häfen in Ostafrika, Malabar, Konkan, dem Persischen Golf und der Straße von Malakka einnahmen.

Im ausgehenden Mittelalter schätzte man Indien – auch wenn man in Europa nicht viel über den Subkontinent wusste – als Ursprungsland äußerst begehrter und sehr kostbarer Gewürze. Doch seit Konstantinopel am 29. Mai 1453 an die Osmanen gefallen war, war der Gewürzhandel christlichen europäischen Kaufleuten verschlossen; nun hatten die Muslime das Monopol darauf. Die Suche nach einer nicht von den Muslimen beherrschten Handelsroute wurde deshalb zu einem wichtigen Bestandteil der Politik europäischer Handelsnationen, besonders Portugals. Und da die Muslime die Landroute kontrollierten, konnte ein solcher Zugang nach Indien nur auf dem Seeweg gefunden werden; und dafür musste die Südspitze Afrikas umrundet werden.

Ein erster wichtiger Schritt auf diesem Weg war getan, als Bartolomeu Diaz 1488 das Kap der Guten Hoffnung erreichte. 1498 gelangte schließlich Vasco da Gama auf dem Seeweg in den Indischen Ozean. Seit 1505 begannen die Portugiesen, in Indien Gebiete zu erobern und Handelsstützpunkte einzurichten. Da Portugal zu weit entfernt war, um die indischen Gebiete von dort aus effizient verwalten zu können, richteten die Portugiesen den „Estado da Índia" ein, der unter der Regentschaft eines vom portugiesischen Monarchen ernannten Vizekönigs mit weitreichenden Vollmachten stand. Unter den ersten beiden Gouverneuren Francisco de Almeida (1505–1509) und Afonso de Albuquerque (1509–1515) wurde die portugiesische Machtposition planmäßig ausgeweitet. 1509 erlangte Portugal durch die Vernichtung einer arabischen Flotte vor Diu die vollständige Seeherrschaft im Indischen Ozean. 1510 besetzte Afonso de Albuquerque Goa; 1535 wurde Diu, 1588 Damão portugiesisch. Da die Eroberung von Aden misslang und dieses 1538 von den Osmanen besetzt wurde, blieb der alte Handelsweg durch das Rote Meer für die Muslime weitgehend offen.

Die zweite Phase dauerte von 1515 bis ungefähr 1560, als das Vizekönigtum von Goa den Höhepunkt seiner Macht zur See erreichte. Afonso de Albuquerque hatte 1510 – unterstützt von der Flotte eines hinduistischen Königs – die Gegend um die heutigen Städte Panaji und Velha Goa erobert. Von Goa aus wurden bis ins 18. Jahrhundert alle portugiesischen Besitzungen in Indien und Ostafrika verwaltet; auf dem Höhepunkt portugiesischer Macht im 16. Jahrhundert war die blühende Stadt als Goa Dourada („Goldenes Goa") bekannt. Sie war damals imstande, den Pfeffer- und Gewürzhandel über den Indischen Ozean zu monopolisieren. Angesichts ei-

Afonso de Albuquerque war der portugiesische Vizekönig in Indien. Die Malerei aus dem „Livro de Lisuarte de Abreu" stammt aus dem Jahr 1565 (heute Pierpont Morgan Library, New York).

Portugiesische Segelschiffe vor der arabischen Küste (die Buchmalerei stammt aus dem bereits erwähnten Werk von 1565).

ner Kette von stark befestigten Siedlungen um diesen Ozean und der Unterstützung durch eine reguläre Flottenbegleitung konnte Goa viele lokale Kaufleute bewegen, vom Estado da Índia Pässe mit einer Sicherheitsgarantie zu erwerben – und als Gegenleistung Zollgebühren zu entrichten. In regelmäßigen Abständen schickte man Überfallkommandos aus, um die prosperierenden Städte Gujarats zu terrorisieren und zu plündern. Auf diese Weise fügte man dem profitablen Handel der indischen Kaufleute mit dem Nahen Osten schweren Schaden zu.

Während der dritten Phase von 1560 bis 1600 sehen wir zwei unterschiedliche Entwicklungen. Zum einen kam es zur Wiederbelebung des Pfefferhandels nach Europa über das Rote Meer und das Mittelmeer, begründet vor allem durch das portugiesische Unvermögen, die formidable maritime Macht des Sultanats von Aceh (Nordsumatra) zu beschneiden. Darüber hinaus war es den Portugiesen nicht möglich, durch eine Seeblockade das Bab al-Mandab („Tor der Tränen“) für den Warenverkehr zu sperren. Diese rund 27 Kilometer breite Meeresstraße, eine natürliche Verbindung des Roten Meers mit dem Golf von Aden, blieb somit für die Muslime weiter zugänglich. Des Weiteren konnte die Regierung in Goa durch ein Netz von Stützpunkten (Macao, Nagasaki und Städte auf den Philippinen) wirtschaftliche Verbindungen nach Südost- und Ostasien etablieren. Diese neue Ausrichtung war wahrscheinlich sehr viel lukrativer als das Monopol über den Pfefferhandel. Der damit verstärkte Handel mit China und Japan mag auch der Grund gewesen sein, dass sich die Portugiesen auf dem westlichen Indischen Ozean weniger stark engagierten.

Finanzielle Engpässe einiger Beamter in Goa und ihre Neigung, asiatische kommerzielle Unterhändler zu benutzen, schufen die Basis einer Partnerschaft

Wolga
Kasachstan
Dnjepr
Balchaschsee
Aralsee
Syr-Darja
Yining/
Kuldscha
Schwarzes Meer
Kaspisches
Meer
Amu-Darja
Konstantinopel
Buchara
Samarkand
Kaschgar
Jarkand
Khota
Tigris
Balkh
Aleppo
Rakka
Elburs
Meschhed
Nischapur
Zypern
Syrien
Hamadan
Herat
Kabul
Ghazna
Mittelmeer
Mesopotamien
Damaskus
Bagdad
Fars/Persien
Lahore
Euphrat
Kufa
Kandahar
Palästina
Alexandria
Khusistan
Multan
Basra
Schatt
al-Arab
Schiras
Ganges
Fustat/
Kairo
Suez/Kulzum
Delhi
Golf
von Suez
Persischer
Golf
Siraf
Indus
Gambroon/
Bandar Abbas
Ägypten
Arabische
Halbinsel
Bahrain
Kish
Hormus
Straße von
Hormus
Medina
Maskat
Gujarat
Cambay
Mekka
Surat
Diu
Oman
Damão
Godawari
Rotes
Meer
Nil
Arabisches
Meer
Dek
Krishna
Konkan
Jemen
Panaji
Goa
Bab
al-Mandab
Aden
Kalikut
Malabar-Küste
Quilon/Kollam
PAN
Afrika
Malediven
Mogadischu
Äquator
Indischer Oze
Pemba
Sansibar
Seychellen
Kilwa Kisiana

Der Handel zwischen Arabien und Südasien

Der Kupferstich illustriert einen Markttag in der portugiesischen Kolonie Goa an der indischen Westküste (aus: Jan Huyen van Linschoten, Navigatio in Orientem, Frankfurt a.M. 1599/nach der Erstausgabe Amsterdam 1591/1596; die Kolorierung erfolgte später).

zwischen dem portugiesischen Vizekönigtum einerseits und indigenen Kaufleuten andererseits. Als die indischen Großmoguln Anfang des 17. Jahrhunderts ihrem mächtigen Reich Gujarat und den Dekkan einverleibten, fühlten die portugiesischen Vizekönige ganz offensichtlich die Notwendigkeit, sich auf See vorsichtig zu verhalten. Den Anspruch auf absolute Oberherrschaft gaben sie allerdings nicht auf; und ihr Recht, die Seewege in Asien zu kontrollieren, wurde tatsächlich von keiner Macht im westlichen Indischen Ozean je in Frage gestellt. Mit wirklich neuen Problemen im Bereich der internationalen Beziehungen und der Verteidigung der ökonomischen Interessen wurde der Estado da Índia jedenfalls erst mit dem Auftauchen der Holländer und Briten konfrontiert.

Prof. Dr. Stephan Conermann
geb. 1964, lehrt Islamwissenschaft an der Universität Bonn. Zum Thema hat er herausgegeben: Der Indische Ozean in historischer Perspektive (Hamburg 1998).

Chinesische Handelsseefahrt bis in das 14. Jahrhundert

Die Seemacht im Osten

Ralph Kauz

„Die Chinesen befuhren diese Gebiete seit sehr früher Zeit, und weil die Leute barbarisch und ungebildet waren, nahmen sie die Gesetze und Bräuche von diesen an", schrieb 1563 der in Goa lebende portugiesische Arzt Garcia da Orta. Die moderne Forschung hat diese Aussage bestätigt: Die chinesische Seefahrt reicht weit in die Frühzeit zurück. Einen ersten Höhepunkt erreichte sie dann in der Song-Zeit, aus der uns zudem erstmals detaillierte Berichte über den Handelsaustausch und das Leben an Bord vorliegen.

Im „Livre premier des tables géographiques", das Pierre Bertius am Anfang des 17. Jahrhunderts für den französischen König Ludwig XIII. verfasste, findet sich in der Beschreibung des damals von den Portugiesen besetzten Hormus eine Bemerkung, die den Leser stutzig werden lässt: Die Chinesen hätten früher mehrere Male um die 40 Schiffe nach Hormus geschickt, um dort Spezereien zum Parfümieren ihrer Kleidung zu laden. Nach den großen maritimen Entdeckungen Portugals (sowie später auch anderer europäischer Nationen) und der Etablierung des „Estado da Índia" war nun am wichtigsten Stapelplatz des Persischen Golfs zu hören, dass Chinesen schon Jahrhunderte zuvor mit Schiffen dorthin gefahren waren, um Parfümstoffe einzutauschen? Offensichtlich hatten die Portugiesen und Bertius Nachrichten über die sieben großen staatlichen Seefahrten zu Beginn der Ming-Dynastie (1368–1644) gehört, die chinesische Seefahrer und Beamte zwischen 1405 und 1433 auf die Malaiische Halbinsel, nach Sumatra, Ceylon/Sri Lanka und in die großen Hafenstädte an der südindischen Malabar-Küste geführt hatten. Seit der vierten Expedition (der Befehl zum Auslaufen erging 1412, die Fahrt erfolgte 1413/14 bis 1415) wurden darüber hinaus Orte im westlichen Indischen Ozean angelaufen, vor allem Hormus, aber auch Aden und Häfen an der afrikanischen Ostküste.

Von der letzten, der siebten Expedition ist ein gutes Itinerar erhalten, das die weite Seefahrt von der Ostküste Chinas bis zum Persischen Golf beschreibt: Die etwa 100 chinesischen Schiffe verließen im Januar 1432 die chinesische Küste und segelten mit dem Wintermonsun über Vietnam nach Surabaja auf Java. Nach einigen Monaten Aufenthalt ging es mit dem Sommermonsun im Juli weiter entlang der Nordküste Sumatras. Nach verschiedenen Zwischenaufenthalten verließ die Flottille im November Sumatra und segelte über Ceylon in zügiger Fahrt nach Kalikut an der Malabar-Küste; Mitte Januar 1433 wurde Hormus erreicht. Die Rückfahrt ging wesentlich schneller vonstatten: Anfang März 1433 legte man in Hormus ab, Ende März war Kalikut erreicht, ein Monat später Suma-

Die Seidenrolle aus der Song-Zeit (12. Jahrhundert) illustriert den hohen Standard, den die chinesische Schiffahrt dieser Zeit erreicht hatte.

Der aus Flandern stammende Pierre Bertius arbeitete auf vielen Feldern, seit 1618 war er Kartograph König Ludwigs XIII. von Frankreich (hier sein Kupferstich der Arabischen Halbinsel aus „Des tables géographiques“, um 1618/19).

tra, im Mai wurde die Malaiische Halbinsel umrundet, im Juli waren die Seefahrer zurück in China. Diese Fahrten wurden nach allen Regeln der Kunst unternommen, die der damaligen Seefahrt zur Verfügung standen: Erfahrene Kapitäne und Seeleute überquerten in leistungsfähigen Schiffen auf bekannten Routen den gesamten Indischen Ozean – wenn es darauf ankam in wenigen Monaten.

Die großen maritimen Unternehmungen der Ming zu Beginn des 15. Jahrhunderts stellten den Höhepunkt der chinesischen Seefahrt dar, zumindest soweit es um staatliche Initiativen geht, denn später übernahmen andere Gruppen, darunter auch chinesische, den Handel von und nach China. Nach 1500 setzte schließlich die europäische Expansion ein, und das Handelssystem war erneut einem Wandel unterworfen – einer Veränderung, die sich langfristig zum Nachteil für die indigenen Netzwerke auswirkte.

Eine lange maritime Tradition

Der Beginn der chinesischen Seefahrt und ihre frühe Entwicklung liegen im Dunkeln, obwohl in Schriften wie etwa dem „Buch der Lieder“, das vor dem 7. Jahrhundert v. Chr. entstand, von Seeschlachten die Rede ist. Ein erster Höhepunkt wurde jedenfalls während der Han-Dynastie (206 v. Chr. – 220 n. Chr.) erreicht, als schon Verbindungen mit anderen Ländern um den Indischen Ozean bestanden. Zur Zeit der Tang-Dynastie (618 – 907) war China eines der wichtigsten wirtschaftlichen, politischen und kulturellen Zentren Eurasiens und Anlaufpunkt für Kaufleute, Gesandte und andere Personen, die über Land und über das Meer nach China kamen. Die maritimen Verbindungen im Indischen Ozean waren die meiste Zeit aufgeteilt in einzelne (Groß-)Regionen, das heißt, dass nur wenige Schiffe die gesamte Strecke vom Chinesischen Meer bis zur Arabischen Halbinsel (oder umgekehrt) befuhren. Eine grobe Einteilung von West nach Ost sieht wie folgt aus (die im Norden und Osten an das Südchinesische Meer anschließenden Regionen bleiben hier ausgeklammert, weil sie für den transasiatischen Verkehr nur eine Randstellung einnehmen):

- Arabisches Meer samt Ostafrika, Rotem Meer und Persischem Golf (also von der Ostküste Afrikas bis zur südindischen Malabar-Küste),
- Bengalisches Meer (Koromandel-Küste, Ceylon bis zur Malaiischen Halbinsel, Sumatra),
- Südchinesisches Meer (Malaiische Halbinsel, Sumatra bis zur Südküste Chinas.

An den Grenzen dieser Regionen, etwa in Aden und Hormus, in Häfen an der Malabar- und der Koromandel-Küste, im Norden Sumatras und selbstverständlich in China (in Kanton/Guangzhou, Quanzhou und anderen Hafenstädten) wurden die Handelsgüter getauscht. Allerdings gab es Ausnahmen: In der Zeit der Tang-Dynastie waren Niederlassungen persischer und arabischer Kaufleute in China zu finden. Chinesen brachen in dieser Zeit eher als Pilger denn als Kaufleute in fremde Länder auf, zumindest deuten neuere Texte darauf hin.

Mit der Song-Dynastie (960 – 1279) änderte sich dies grundsätzlich. Der Norden Chinas wurde zuerst von den protomongolischen Kitan und dann von den Dschurdschen (den Vorfahren der Mandschu) besetzt; die direkten Verbindungen nach Zentralasien wiederum waren durch das Xixia-Reich (einem von den Tanguten gegründeten Reich auf Teilen des heutigen China) blockiert. Zudem musste die Hauptstadt der Song 1127 ins küstennahe Hangzhou verlegt werden. Die Folge: Die Song orientierten sich zum Meer hin und förderten den Schiffbau in besonderem Maße. Technologische Neuerungen, der Aufbau einer Flotte und ein deutlich stärkerer Überseehandel waren das Ergebnis. Da China wohl der (technisch) fortschrittlichste und mächtigste Wirtschaftsraum im Gebiet des Indischen Ozeans war, wurde es damit zum vielleicht wichtigsten Motor der wirtschaftlichen Entwicklung. Wichtige Exportgüter waren Porzellan und Seide.

In der Zeit der mongolischen Yuan-Dynastie (1279 – 1368) verstärkte sich die chinesische (und mongolische) Expansion im Indischen Ozean weiter; zeitweise hatte es den Anschein, als solle die gesamte Region dem mongolischen Weltreich einverleibt werden. Wichtig ist in diesem Zusammenhang, dass die Yuan-Herrscher Chinas und die Ilkhaniden Irans beide vom vierten Sohn Dschingis Khans, Tolui, abstammten; sie waren enge Verbündete, die ihre Beziehungen auch über die große Entfernung hinweg pflegten. In dieser Zeit befuhren Flotten den Indischen Ozean, die alles Vorangegangene in den Schatten stellten. Der Zenit der chinesischen Seefahrt wurde dann unter der folgenden Ming-Dynastie erreicht.

Die Anfänge der chinesischen Seefahrt

Schon in prähistorischer Zeit bewegten sich die Menschen auch in China auf dem Wasser mit Hilfe von Flößen, Kanus und Konstruktionen, die aus mit Leder bezogenem Flechtwerk bestanden. Bambus spielte als Baumaterial für Flöße eine wichtige Rolle. Dass Kanus schon in neolithischer Zeit benutzt wurden, belegt etwa ein Fund aus der Provinz Zhejiang, der in das 6. Jahrtausend v. Chr. datiert wird. Wichtige Hinweise liefern auch die frühen chinesischen Zeichen für „Schiff“, die auf Orakelknochen entdeckt wurden. Sie sind seit der Mitte des 2. Jahrtausends v. Chr. bezeugt und zeigen eine rechteckige Konstruktion mit offenem Bug und Heck (dabei ist allerdings zu berücksichtigen, dass

Auf der Seidenmalerei der Song-Zeit erkennt man neben dem Pavillon des Prinzen von Teng eine zeitgenössische Dschunke (um 1000).

Die *louchuan* waren ein Kriegsschifftyp, der in China seit der Han-Zeit vorkam. Mit ihren Turmbauten ähnelten sie einer schwimmenden Festung; sie konnten sowohl für Angriffe als auch für Belagerungen eingesetzt werden (die Zeichnung stammt aus dem „Wujing Zong Yao"/„Sammlung der wichtigsten Militärtechniken" von 1044).

spitze Enden schwer zu gravieren waren!) sowie Spanten oder Querverbindungen. Das Piktogramm (Bildzeichen) könnte allerdings auch als Floß interpretiert werden. Jedenfalls ist davon auszugehen, dass in dieser frühen Zeit wohl nur die Binnengewässer und vielleicht noch die an Flussmündungen angrenzenden Küsten befahren wurden. Es ist jedoch festzuhalten, dass in zeitgenössischen Texten – die sich aber nicht genau datieren lassen, da es möglicherweise spätere Hinzufügungen gab – überseeische Kontakte erwähnt werden.

Gesicherter werden die maritimen Unternehmungen Chinas seit der Reichseinigung unter der Qin-Dynastie (221 – 207 v. Chr.). Nun verwandte man Schiffe, um küstennahe Gebiete zu erobern; die Rede ist von Booten mit Turmbauten. Berühmt ist die Expedition, die der erste Kaiser zu östlich gelegenen Inseln entsandt haben soll, um dort Kräuter zu erlangen, die Unsterblichkeit verhießen. Seefahrt auch in entfernte Gegenden war also zu einem Topos geworden.

Schon vor der Qin-Dynastie unterteilte man das Meer in vier Regionen: Bohai (der Golf nördlich der Halbinsel Shandong), Huanghai (das Gelbe Meer), Donghai (das Ostchinesische Meer), Nanhai (das Südchinesische Meer). Die Grenzen des Nanhai sind schwer festzulegen, teilweise scheint es weit in den Indischen Ozean hineinzureichen. Allgemein lässt sich sagen, dass sich die chinesischen Kontakte eher nach Westen – einschließlich des Ostens des heutigen Indonesien – orientierten. Verbindungen zu Australien, den pazifischen Inseln oder mit Gegenden südlich des Monsungürtels vor den europäischen Entdeckungen sind sehr umstritten, wenn auch nicht völlig auszuschließen.

Chinas maritime Ausrichtung zielte also auf Südost-, Süd- und Westasien, später auch auf die afrikanische Ostküste. Diese Kontakte entwickelten sich über einen Zeitraum von Hunderten von Jahren. Immerhin berichten chinesische Texte, dass römische oder syrische Händler im Jahr 166 China auf dem Seeweg erreichten und sich dort als Gesandte des Römischen Reichs ausgaben – was sie höchstwahrscheinlich nicht waren. Es handelte sich wohl um einen der unzähligen Fälle, in denen Kaufleute betrügerisch als Gesandte reisten, um in China bessere Konditionen zu erhalten. Immerhin: China war in Rom bekannt, wie nicht zuletzt auch die „Geographie" des Ptolemäus zeigt; von beiderseitigen maritimen Kontakten ist also auszugehen. Allerdings werden die Schiffe der beiden Großreiche nur im Ausnahmefall die gesamte Route befahren haben, die eher in Etappen zurückgelegt wurde.

Konkrete Aussagen zur Reise chinesischer Kaufleute nach Westen sind für die frühe Zeit kaum vorhanden. In den Annalen der Han-Dynastie findet sich ein Text, der den Weg in ein Land namens Huangzhi beschreibt. Welches Land damit gemeint ist, konnte nicht zweifelsfrei festgestellt werden, die Indizien sprechen für Südindien, wahrscheinlich war die Koromandel-Küste das Ziel. Ausgangspunkt der Reise war die südchinesische Küste bei der Insel Hainan; Panyu, das spätere Kanton, wurde wohl erst später der bedeutendste Hafen Chinas. Die Schiffe durchkreuzten das Südchinesische Meer und erreichten ein Gebiet namens Shenli, von wo aus zu Fuß in zehn Tagen das Land Fugudanlu erreicht wurde. Dann ging es auf Schiffen weiter in das besagte Huangzhi; dieser Teil der Fahrt dauerte zwei Monate. Bei der zehntägigen Landreise wurde vermutlich die Malaiische Halbinsel durchquert, eine Lokalisation des Weges ist allerdings nicht möglich.

In dem genannten Text ist von einem Beamten (Übersetzer) die Rede, der die Reise mit Freiwilligen antrat, um Gold und Seide gegen Perlen, seltene Steine und andere Dinge einzutauschen. Sie reisten auf Handelsschiffen der sogenannten Man- und Yi-Barbaren (Völkern, die im Süden und Osten Chinas an den Küsten lebten), und die Fahrt war keineswegs ungefährlich: Es drohten Piraterie (ein Gewerbe, das die Man- und Yi-Barbaren allerdings auch ausübten), Sturm und Schiffbruch. In ihren Zielorten wurden die Chinesen aber freundlich empfangen, sie bekamen Essen und Dienerinnen. Bereits in dieser frühen Zeit bestanden Verbindungen zu Korea und Japan.

Wir wissen wenig darüber, wie die Schiffe zur Han-Zeit aussahen. Auskunft geben vor allem Tonmodelle aus Gräbern. So war das Heckruder schon im China des 1. Jahrhunderts bekannt – ein Jahrtausend bevor es in Europa auftauchte. Ähnlich früh sind die Anfänge des Kompasses in China zu datieren. In hanzeitlichen Texten lesen wir ferner, dass Schiffe – erneut ist die Rede von „Turmschiffen" – auch im militärischen Bereich Verwendung fanden; ebenso verweist der Titel „Admiral" auf eine entwickelte Marine. Navigation, Segeltechnik, Grundzüge der Wetterkunde – dies alles war im China der Han-Zeit bekannt, auch wenn man vor besonders schwierigen Routen wie der Umfahrung der Malaiischen Halbinsel noch zurückscheute.

Festzuhalten bleibt, dass für die Entdeckung des Nanhai und der benachbarten Gebiete vor allem ökonomische Interessen eine Rolle spielten. Gleiches galt für die Ausdehnung Chinas nach Zentralasien, die ebenfalls unter den Han erfolgte und parallel zur „Eroberung" der Meere stattfand.

Unser Wissen um die chinesische Schiffahrt verdanken wir nicht zuletzt den Berichten von Pilgern. Das Fresko zeigt einen Chinesen, der buddhistische Schriften (heim)trägt (es stammt aus den Höhlen von Dunhuang, einer Oasenstadt an der Seidenstraße im Westen des heutigen China).

Was Pilger berichten

Nach dem Untergang der Han-Dynastie zerfiel China in einzelne Reiche. Soweit sie an der Küste lagen, behielten sie die Orientierung zum Meer hin bei. In den folgenden Jahrhunderten trat zudem eine neue Gruppe von Reisenden in Erscheinung: buddhistische Pilger. Sie bereichern unser Wissen über den damaligen Stand der Seefahrt im östlichen Indischen Ozean ganz beträchtlich. Der Buddhismus war in der späten Han-Zeit über Zentralasien nach China gelangt und hatte dort rasch Anhänger gefunden. Zahlreiche Klöster wurden gegründet und religiöse Kunstwerke – Skulpturen und Gemälde – geschaffen. Das Interesse, die Ursprungsregion des Buddhismus aufzusuchen, wuchs: Man sammelte dort buddhistische Schriften und nahm sie mit nach Hause, wo sie ins Chinesische übertragen wurden. Derartige Pilgerreisen fanden bis ins 11. Jahrhundert statt, als Nordindien durch die Raubzüge des turkstämmigen Sultans Mahmud von Ghazna und seiner Nachfolger verwüstet wurde.

Die Pilgerberichte sind eine wichtige Quelle bei der Frage, wie die damaligen Menschen über das Meer reisten – mit was für Schiffen und auf welchen Routen. Sie geben ferner Auskunft über Überlandreisen, denn ebenso häufig fanden Reisen nach Indien und Zentralasien statt. Dagegen hinterließen die Händler selbst kaum Zeugnisse ihrer Aktivitäten; wir können nur indirekt auf diese schließen.

Einer der bekanntesten Pilger war der Mönch Faxian, der von 399 bis 414 über Zentralasien nach Indien reiste und über Bengalen, Ceylon und Sumatra auf dem Seeweg zurückkehrte. Er berichtet von Handelsschiffen mit etwa 200 Personen an Bord, auf denen er die Heimreise antrat. Dramatisch schildert er die Stürme, die mehrmals fast in einer Katastrophe endeten. Er kam aber mit dem Leben davon und konnte sogar die buddhistischen Sutras retten, die er mit sich führte. Leider erfahren wir nichts über die Schiffsladung. Ebenso wenig spricht er davon, wie weit sich chinesische Schiffe in den Indischen Ozean vorwagten. Trotz dieser Lücken gibt die Schilderung Faxians wichtige Aufschlüsse über die damalige Seefahrt im östlichen Indischen Ozean.

Wir können davon ausgehen, dass in dieser Zeit eher Luxusgüter transportiert wurden; die Massengüter kamen später. Wichtige Importartikel waren beispielsweise Perlen, Edelsteine, edle Hölzer, Federn und Gewürze. Seinerseits exportierte China vor allem handwerkliche Produkte wie Seide und Keramik, aber auch Gold.

Parallel zur Seeverbindung bestand die Möglichkeit, Asien auf dem Landweg zu durchqueren. Beide Verbindungen dürften von ähnlicher Bedeutung gewesen sein, auch wenn Letzterer den Transport anderer Güter – so der in China hochgeschätzten zentralasiatischen Pferde – zuließ. Allerdings konnten die Landverbindungen leichter durch kriegerische Auseinandersetzungen unterbrochen werden. Aus ebendiesem Grund verlagerte die Dynastie der Sasaniden, die seit 224 in Iran herrschte, im Verlauf des 4. Jahrhunderts ihre Handelsaktivitäten zunehmend auf das Meer. Gegen Ende der Dynastie, vor der muslimischen Eroberung und Islamisierung Irans im Jahr 642, dominierten Kauffahrer aus dem Sasanidenreich den Handel im westlichen Indischen Ozean; sie wagten sich sogar nach Ceylon und darüber hinaus. *Bosi*-Kaufleute – so die chinesische Bezeichnung für Menschen aus Fars/Pars (etwa der Südwestteil des heutigen Iran) – waren nun überall im Indischen Ozean zu finden. Ihre Dominanz überdauerte sogar den Zusammenbruch des

Zentralasiatische Pferde waren in China außerordentlich geschätzt. Das 60 Zentimeter hohe „tanzende Pferd“, eine Tonfigur mit weißer Lasur, stammt aus dem Jahr 760 (Tang-Zeit).

Sasanidenreichs, allerdings muss man nun von arabo-persischen Händlern sprechen: Sie waren überall im Indischen Ozeans zugange und erreichten auch das Südchinesische Meer, wo sie sich in den Hafenstädten, vor allem in Kanton, in sogenannten Barbarenvierteln (*fanfang*) niederlassen durften. Damit war der Handel in Etappen, bei dem Güter nur in einzelnen Regionen von einem Emporium (Stapelplatz) zum anderen transportiert wurden, teilweise aufgehoben, doch ist umstritten, wie groß der Anteil des Handels war, der ohne Umladung vom Persischen Golf bis Südchina gebracht wurde (ein relativ seltenes Vorgehen in der Geschichte der Seefahrt im Indischen Ozean). In jedem Fall legte man auf der Reise längere Zwischenstopps ein.

Fremde im Reich der Tang

Am Ende des 6. Jahrhunderts beendete die Sui-Dynastie (581 – 617) die Aufsplitterung in kleinere Reiche und einte China erneut. Sie wurde allerdings bald durch die Tang (618 – 907) verdrängt, unter denen China wieder die beherrschende Macht des Ostens wurde und seinen Einfluss weit nach Zentralasien hinein ausdehnte. Um die Ausdehnung des Tang-Reichs zu veranschaulichen, sei auf die Schlacht am Talas (im heutigen Kasachstan) hingewiesen: Hier gelang es den muslimischen Abbasiden 751, ein chinesisches Heer zu besiegen.

Auf dem Meer stieß China nicht so weit nach Westen vor. Neben den indischen, persischen und malaiischen Schiffen waren zwar auch chinesische Schiffe unterwegs, und am Ende des 6. Jahrhunderts werden chinesische Kriegsschiffe beschrieben, die fünf Decks hatten und 100 Fuß hoch waren, die Blüte des chinesischen Schiffbaus begann aber erst im 9. Jahrhundert. Bis dahin waren es eher die ausländischen Kaufleute, die Kanton anliefen. Deren Ankunft beschreibt ein chinesischer Bericht aus dem 8. Jahrhundert: „Die Seeschiffe sind ausländische Schiffe. Jedes Jahr kommen sie nach Kanton und Anyi. Die aus Ceylon sind die größten, die Niedergänge [Treppen zwischen zwei Decks] allein sind einige zehn Fuß hoch. Überall sind verschiedene Arten von Handelsgütern gestapelt. Wenn diese Schiffe anlegen, bevölkern Mengen die Straßen, und die ganze Stadt ist voll Lärm. Ein fremder Aufseher trägt die Verantwortung. Der Bevollmächtigte für den Seehandel verzeichnet seinen Namen und die mitgebrachten Handelsgüter, um den Zoll zu

Mitte des 8. Jahrhunderts erschütterte die Rebellion des Generals An Lushan die Tang-Dynastie schwer. Die chinesische Malerei (vermutlich aus der Tang-Zeit) stellt die Flucht des Kaisers Xuanzong nach Shu dar.

Ein wichtiges chinesisches Exportgut war Keramik bzw. Porzellan. Im Dekor beeinflussten sich dabei der Osten und der Westen immer wieder: Der Krug aus dem Jahr 650 etwa zeigt Einflüsse aus dem sasanidischen Persien.

bekommen, und er verbietet den Verkauf von Perlen und Exotica [sie waren wohl für den Kaiserhof bestimmt]. Von den Kaufleuten wurden einige ins Gefängnis geschickt wegen Betrugs."

Der anschauliche Bericht zeigt, dass es durchaus Differenzen zwischen den Kaufleuten und den kaiserlichen Beamten geben konnte. Der Aufenthalt der Kaufleute und die Handelsaktivitäten verliefen keineswegs immer friedlich. Mitte des 8. Jahrhunderts, als die Tang-Dynastie durch den Aufstand des Generals An Lushan schwer erschüttert worden war, plünderten beispielsweise ausländische Kaufleute die Stadt Kanton. Sie kamen aus Iran (*Bosi*) und Arabien (*Dashi*), also aus dem Abbasidenreich, und besaßen Stützpunkte auf der Kanton vorgelagerten Insel Hainan. Ein gutes Jahrhundert später, im Jahr 878, zerstörte der Rebell Huang Chao Kanton und massakrierte arabischen Texten zufolge 120 000 bis 200 000 Ausländer. Auch wenn diese Zahl wohl weit übertrieben war, ist sie doch ein Indiz dafür, dass sich viele Kaufleute in Kanton aufhielten.

Die Tang-Zeit war darüber hinaus ein Höhepunkt des Kultur- und Handelsaustauschs mit Korea und Japan. Festzuhalten bleibt, dass China in den fast drei Jahrhunderten der Tang-Herrschaft eines der großen kulturellen und wirtschaftlichen Zentren Asiens war, dem wohl nur das Abbasidenreich gleichkam. In einem allerdings unterschieden sich diese Kulturen: Während fremde Händler und Gesandte in großer Zahl nach China kamen, entsandte man von dort kaum Vertreter nach Westen. Wie so häufig bleibt zudem die Frage nach dem Umfang des privaten Handels der Spekulation überlassen.

Song-China – das Zentrum des Welthandels

Wie im Anschluss an die Han-Zeit zerfiel China auch nach der Tang-Zeit wieder in mehrere Reiche. In der Periode der sogenannten Fünf Dynastien (907 – 960) wurde der Norden Chinas von einer Abfolge von ursprünglich nomadischen, teilweise sinisierten Dynastien beherrscht: Dagegen war der Süden in kleine, von Han-Chinesen regierte Reiche aufgesplittert („Zehn Königreiche"). Auch die Küstenlinie, die in der Tang-Zeit einer einheitlichen politischen Kontrolle unterstanden hatte, war folglich wieder auf verschiedene Herrschaften aufgeteilt.

In dieser Zeit setzte sich ein Prozess fort, der in der Tang-Zeit begonnen hatte und während der folgenden Jahrhunderte fortdauern sollte: die Verlagerung des wirtschaftlichen Schwerpunkts vom Norden in den Süden. Von Bedeutung waren hierfür die Entwicklung des Reisanbaus und verschiedener Industrien (darunter Seide und Keramik), die dem Süden einen Vorteil verschafften, aber auch der Umstand, dass der Norden politisch instabiler und vor allem gefährlicher war, denn er wurde häufig von Nomaden heimgesucht oder sogar erobert.

So unterstanden weite Teile Nordchinas den Liao bzw. Kitan, als 960 die Dynastie der Song begründet wurde, die China erneut einigten und den Staat ordneten. Ihre Hauptstadt war zunächst Kaifeng, lag also noch im traditionellen „Hauptstadtgebiet" am Gelben Fluss; nach der Eroberung Kaifengs durch die Dschurdschen (1127) verlegten die Song die Hauptstadt nach Hangzhou, das beinahe am Meer liegt. Das Meer war die einzige „offene" Grenze Chinas, denn neben den Kitan und den späteren Dschurdschen grenzten die Tanguten den Herrschaftsraum der Song ein und versperrten ihnen den Weg nach Westen. An die Nachbarn im Norden und Westen zahlte die Song-Regierung Tribut – eine Bezeichnung, die sie freilich zu vermeiden suchte –, um sie von Überfällen abzuhalten. Das System funktionierte mehrere Jahrhunderte lang weitgehend, hatte aber auch zur Folge, dass mit früheren Handelspartnern auf dem Landweg kein Kontakt mehr möglich war. Handel war für die Song nur über das Meer möglich.

Schon während der Tang-Zeit war versucht worden, den Seehandel mit Hilfe bestimmter Ämter zu kontrollieren, die als „Überseehandelsamt" (*shibosi*) bezeichnet wurden. Das erste derartige Amt wurde 712 in Kanton eingerichtet und hatte die Aufgabe, Tributzahlungen in Empfang zu nehmen, Fracht anzukaufen, Beziehungen mit dem Ausland zu pflegen und sich um den Handel zu kümmern. Ausländischen Kaufleuten war der freie Handel faktisch untersagt, Waren konnten nur an staatliche Stellen veräußert werden (der oben zitierte Bericht schildert die Aktivitäten derartiger Beamter). In der Song-Zeit änderte sich die Funktion der Überseehandelsämter teilweise, denn sie waren jetzt für ausländische Waren, chinesische Überseeschiffe, die nun einen großen Teil des Handels abwickelten, den Zoll, den Empfang der ausländischen Kaufleute und den Ankauf ihrer Waren zuständig.

Noch vor der Jahrtausendwende verlor Kanton seine herausragende Bedeutung für den Außenhandel der Song. Dies zeigt nicht zuletzt die schrittweise Errichtung von Überseehandelsämtern in Hang-

Bootsverkehr auf dem Fluss Huang He, dem Gelben Fluss, bei Kaifeng: Der Ausschnitt aus einer Seidenmalerei aus der Song-Dynastie (um 1100) zeigt eine Fahrt flussaufwärts zum Frühlingsfest.

zhou (989), Ningbo (992 bzw. 999) und Quanzhou (1087), das bei den arabo-persischen Kaufleuten als Zaitun bekannt war. Quanzhou überflügelte in der Folge Kanton und behielt seine Bedeutung als wichtigster chinesischer Hafen bis in die Yuan-Zeit bei.

Handelsaustausch fand nun an verschiedenen Orten statt. Die daraus erzielten Einkünfte kamen auch der Staatskasse zugute; allerdings betrug ihr Anteil an den gesamten staatlichen Einnahmen meist nur wenige Prozent. Steuern und Zölle – die seit 1127 nur für militärische Zwecke ausgegeben werden durften – wurden auf Segelschiffe erhoben; auf Luxus- und Massengüter (zehn bzw. 30 Prozent); auf den Zwischenhandel mit Importwaren, auf die ein Staatsmonopol bestand (dieser Zoll bildete den Hauptteil der staatlichen Einnahmen aus dem Seehandel). Der Zoll auf Gewürze und Drogen wurde im 12. Jahrhundert teilweise erheblich angehoben.

Das oben erwähnte Abbrechen von Handelsbeziehungen auf dem Landweg betraf insbesondere Zentralasien, teilweise aber auch Korea. Im letzteren Fall konnte freilich auf den Seeweg ausgewichen werden, und tatsächlich florierte der Austausch mit Korea weiter. Ebenso übrigens mit Japan, das dafür in der späten Song-Zeit zunehmend eigene Schiffe einsetzte. Sowohl mit Korea als auch mit Japan fand zudem in großem Maßstab auch privater Austausch statt. Nur kurz sei darauf hingewiesen, dass die Mongolen 1274 – also bevor sie ganz China eroberten – mit 900 Schiffen und 250 000 Mann Besatzung versuchten, Japan zu besetzen. Auch wenn dieser Versuch ebenso scheiterte wie ein späterer, so zeigt die Größe der dabei eingesetzten Flotte – auch wenn die Zahlen erneut mit Vorsicht zu betrachten sind – doch die Bedeutung der Seefahrt in der damaligen Zeit.

Das Leben an Bord

Es wurde bereits erwähnt, dass die Technik des Schiffbaus sich in dieser Zeit in China rasch entwickelte und chinesische Dschunken wohl zu den technisch fortschrittlichsten Booten der damaligen Zeit gezählt werden können. Aus der Song-Zeit sind erheblich mehr Zeugnisse von Schiffen erhalten als aus früheren Perioden. Besonders bemerkenswert ist die Reliefdarstellung eines chinesischen Schiffes am Bayon-Tempel im kambodschanischen Angkor

Thom: Erkennbar sind darauf die Kraweelbeplankung (das heißt, die Planken wurden auf dem Schiffsskelett nach der Kraweelbauweise aufgebracht, also Planke an Planke, wodurch der Rumpf eine glatte Oberfläche erhält), der Überhang des Hecks, zwei Masten, Mattensegel (sie bestanden aus mit Bambus versteiften Bahnen), Heckruder und andere Details weisen auf die chinesische Bauweise hin.

Ergänzend zu diesem Relief liegt uns eine Beschreibung des chinesischen Autors Zhu Yu aus der Zeit um 1100 vor. Danach besaßen chinesische Schiffe einen rechteckigen Rumpf; das Mattensegel war eng mit dem Mast verbunden – wie ein Tor mit einer Angel; große Seeschiffe beförderten mehrere hundert Personen, kleine mehr als 100; sie luden Keramik so eng gestapelt, dass kein Spalt mehr blieb. Mehr als Wind und Wellen fürchtete man, auf Grund zu laufen.

Marco Polo, der am Ende des 13. Jahrhunderts auf chinesischen Schiffen die Heimreise Richtung Persischer Golf antrat, hinterließ eine ausführliche Beschreibung der Hochseedschunken: Auf einem Deck gab es ungefähr 60 Kabinen (je nach Größe des Schiffs), ein Heckruder, vier Masten und vier Segel (zwei Masten mit zwei Segeln konnten hinzugefügt werden), der Rumpf war durch Schotten unterteilt, damit bei einer Beschädigung des Rumpfes nicht das ganze Schiff volllief; die Besatzung bestand aus 150 bis 300 Seeleuten. Die gesamte Transportkapazität dürfte um 1000 Tonnen betragen haben – diesen Wert erreichten um 1500, also 200 Jahre später, nur sehr wenige venezianische Kriegsschiffe.

Eine ähnliche Beschreibung überliefert der arabische Reisende Ibn Battuta etwa 50 Jahre nach Marco Polo. Auch er erwähnt die Mattensegel, die nicht gerefft, sondern nur aus dem Wind gedreht werden. Er sah Besatzungen von 1000 Mann und erwähnt ebenfalls, dass die Reisenden – was sie sehr schätzten! – in Kabinen untergebracht waren, die sogar abgeschlossen werden konnten. Zwar stammen beide Berichte aus der späteren Mongolen-Zeit, doch ist davon auszugehen, dass die Schiffe unter den Song nicht wesentlich anders aussahen.

Über das Leben an Bord chinesischer Dschunken schreibt Zhou Qufei am Ende des 12. Jahrhunderts: Auf den Schiffen, „groß wie Häuser", waren mehrere hundert Personen untergebracht, Getreide wurde für ein Jahr mitgenommen, Schweine wurden gemästet und Wein fermentiert. Bemerkenswert ist zudem, dass man Tauben mitnahm, die dann Botschaften an Land bringen konnten.

Die bauchige Flasche mit Vogeldekor und die Schälchen datieren in das China der Song-Zeit (1180); sie befinden sich heute im Musée Guimet (Paris).

Das Relief am Bayon in Angkor Thom (Kambodscha) informiert über die technische Ausstattung eines chinesischen Handelsschiffs am Anfang des 11. Jahrhunderts.

Der Handel erlebt einen Aufschwung

Nach der Tang-Dynastie wurde wieder über Emporien gehandelt, chinesische Schiffe liefen also nicht den Persischen Golf an, sondern übernahmen die Waren zum Großteil wohl im Raum um die Malaiische Halbinsel. Dschunken kamen allerdings auch nach Indien, wo Reiche im Süden wie die Pandya und die Chola vom maritimen Handel profitierten und selbst wirtschaftliche Mächte darstellten. Die Händler aus Westasien fuhren mit ihren kleineren Booten bis nach Südindien (Quilon) und stiegen dort in größere chinesische Schiffe um, mit denen sie nach Kanton oder Quanzhou segelten. Dem bereits erwähnten Zhou Qufei zufolge war Arabien das reichste derjenigen Länder, die mit China Handel trieben; es folgten Java und Palembang auf Sumatra.

Was wurde gehandelt? Eine Liste aus dem Jahr 1141 führt 339 Importprodukte auf, die sich in folgende Klassen unterteilen lassen: Gewürze und Drogen, Textilien, Metalle, Mineralien und Verschiedenes (Sklaven, Teppiche, wertvolle Waren). Exportiert wurden aus China hauptsächlich Seide und Metalle (Letzteres sah die Regierung allerdings nicht gern) sowie Porzellan, das heute praktisch an

Zweimal versuchten die Mongolen, Japan zu erobern, zweimal scheiterten sie. Die Malerei aus der frühen Edo-Zeit (17. Jahrhundert) setzt die Heldentaten eines mittelalterlichen Kriegers in diesem Kampf ins Bild.

Der Transport von Keramik ist Thema der chinesischen Seidenmalerei des 15. Jahrhunderts, die sich heute im Topkapı-Palast-Museum in Istanbul befindet.

allen Ufern des Indischen Ozeans gefunden werden kann. Bei archäologischen Ausgrabungen spielt Porzellan keine unbedeutende Rolle.

Ein letzter Punkt verdient Beachtung. In der Song-Zeit entstand eine aufstrebende Händlerschicht, die an die Stelle der vormaligen „Aristokratie" trat und teilweise großen Reichtum ansammeln konnte – zweifellos ein Indiz für den Übergang von einer Agrargesellschaft zu einer Gesellschaft, deren Einkünfte zunehmend aus Handel und Handwerk bzw. Industrie stammten; damit trat China auf die erste Stufe zu einer modernen Gesellschaft, bis zu einem gewissen Grad entstand eine „bürgerliche" Schicht (allerdings wurde diese Entwicklung unterbrochen, woran die schrittweise Eroberung des Song-Reiches durch die Mongolen seit der Mitte des 13. Jahrhunderts sicher einen großen Anteil hatte – entsprechend war der Widerstand gegen die Invasoren in China nicht gering).

Die Händlerschicht entwickelte sich ungeachtet des Umstands, dass die Song-Herrscher die Kaufleute immer wieder behinderten und ihre Tätigkeit teilweise vollständig verboten. Denn auch diese Dynastie neigte generell dazu, den Privathandel zu untersagen. 989 wurde dieses Verbot jedoch teilweise aufgehoben, und chinesische Kaufleute konnten von dem Überseeamt in Hangzhou Handelslizenzen erwerben. Unter den Mongolen war privater Handel dann manchmal erlaubt, manchmal verboten. Und Taizu, der Gründer der Ming-Dynastie, erlaubte nur wenige Jahre lang privaten Handel; danach gab es nur noch Tributhandel, das heißt, ausländische Kaufleute durften nur als offizielle Gesandte nach China kommen, wo sie einen Teil ihrer Waren als „Tribut" nach festen Sätzen eintauschten und den anderen unter erheblichen Auflagen an Privatpersonen verkauften.

In der späten Ming-Zeit wurde dieses Seehandelsverbot zwar aufgehoben, doch hatte es die Ausbildung einer Schicht chinesischer Kaufleute lange

Die chinesischen Kaiser beherrschten ihr Reich nicht zuletzt durch sorgfältig ausgebildete Beamte. Die Seidenmalerei des 17. Jahrhunderts stellt dar, wie sich Beamtenanwärter zu Beginn des 11. Jahrhunderts einem Examen unterzogen.

Zeit stark behindert. Immerhin: In der späten Song-Zeit war eine Händlerschicht entstanden, zu der im Übrigen auch Ausländer zählten, so etwa der Araber oder Perser Pu Shougeng, der Bevollmächtigter für den Seehandel in Quanzhou war und auch die lokale Flotte befehligte. Am Ende seines Lebens unterwarf er sich jedoch den Mongolen und avancierte zu einem ihrer wichtigsten Beauftragten für den Überseehandel.

Zenit und Niedergang

So groß die Veränderungen durch die mongolische Eroberung für China insgesamt waren, so gering waren sie für die Entwicklung der Seefahrt, die an Bedeutung sogar zunahm: Khubilai Khan, der Begründer der Yuan-Dynastie, ordnete an, die Überseehandelsämter erneut einzurichten; auch solle man die Reiche in Übersee informieren, dass eine neue Dynastie regiere, und sie ermuntern, Tribut zu entsenden und Handel zu treiben. Nun wurde zumindest teilweise wieder die gesamte Strecke bis in den Vorderen Orient, zu den Emporien Kisch und Hormus, befahren. Dabei spielten nicht zuletzt die bereits erwähnten verwandtschaftlichen Beziehungen der Yuan-Dynastie mit den Ilkhaniden in Iran eine Rolle. Jedenfalls lebten zu dieser Zeit viele Westasiaten, vor allem wohl Iraner, in den Hafenstädten Chinas. Darauf verweisen sowohl Grabplatten aus der Gegend um Quanzhou als auch die vielen Moscheen, die damals gebaut wurden.

Gegen Ende der Yuan-Dynastie zerbrach die Allianz zwischen den iranischen Bewohnern an der Küste und den mongolischen Herrschern aber offensichtlich, jedenfalls erschütterte zwischen 1357 und 1366 eine Rebellion der (iranischen) Garnison Quanzhou und seine Umgebung. Nicht zuletzt aus diesem Grund wurde der Seehandel in andere Häfen verlagert, unter anderem erneut nach Kanton. Quanzhou sollte sich von diesem Niedergang nicht wieder erholen.

Sosehr China immer am Seehandel interessiert war – schließlich war man bei vielen Luxuswaren auf den Import aus dem Ausland angewiesen –, so sehr versuchten chinesische Herrscher dennoch immer wieder, den privaten Handel einzudämmen und Handel als staatliches Monopol zu betreiben. Obwohl trotz allem eine Schicht chinesischer Händler entstand, die entweder selbst Handelsschiffe unterhielt oder am staatlich gelenkten Handel partizipierte, erlangte sie daher nie die Bedeutung europäischer Großkaufleute aus der frühen Neuzeit.

Besonders auffällig sind die Blockaden unter der Ming-Dynastie, als privater Handel vollständig verboten war. Und dennoch erreichte die chinesische Schiffahrt in dieser Zeit ihren Höhepunkt: Offizielle Gesandtschaften wurden bis nach Hormus und Aden geschickt, und die großen, vielleicht 140 Meter langen „Schatzschiffe“, mit denen der Admiral Zheng He diese Fahrten unternahm, gehörten sicherlich zur nautischen Crème de la crème der damaligen Zeit. Aber nicht nur die Technik war außerordentlich fortschrittlich und europäischen Schiffen jahrhundertelang überlegen, auch der Komfort, den die Dschunken boten, war wesentlich größer. Dank des Angebots an frischem Gemüse dürfte die Geisel der frühen europäischen Seefahrt, die Mangelkrankheit Skorbut, eher selten gewesen sein.

Die Monopolisierung der Seefahrt, die unter den Ming praktiziert wurde, zeigte ihre Schattenseiten vor allem zu dem Zeitpunkt, als die Regierung beschloss, die Seefahrten einzustellen – die Gründe sind nicht eindeutig festzulegen, unter anderem werden hohe Kosten und eine gewisse „Selbstgenügsamkeit“ Chinas genannt. China verlor damit rasch seine maritime Überlegenheit. Im 16. Jahrhundert verwüsteten Piraten seine Küsten, und europäische Handelsnationen drängten nach Ostasien. Zum Schluss sei eine Frage gestattet, die auf das im Vorspann genannte Zitat Bezug nimmt: Welche Erfahrungen hätten die Portugiesen wohl gemacht, wenn die chinesische Flotte um 1500 noch auf dem neuesten Stand gewesen und von Admirälen vom Schlag eines Zheng He befehligt worden wäre?

PD Dr. Ralph Kauz
geb. 1961, hat als Forschungsschwerpunkt die Beziehungen zwischen West- und Ostasien. Er arbeitet an der Österreichischen Akademie der Wissenschaften. Zum Thema hat er publiziert: Politik und Handel zwischen Ming und Timuriden: China, Iran und Zentralasien im Spätmittelalter. Wiesbaden 2005.

Der transalpine Fernhandel im Mittelalter

Kaufleute, Säumer und Ballenführer

Marie-Claude Schöpfer Pfaffen

Im Verkehrsnetz Europas bilden die Alpen eine natürliche Barriere. Und dennoch floss der transalpine Fernverkehr im Mittelalter – vor allem aufgrund der vielfältigen Attraktivität des Mittelmeerraums, im späten Mittelalter auch wegen der nun aufblühenden Wirtschaft der Gewerbelandschaften nördlich der Alpen. Spätestens seit dem 13. Jahrhundert sind wir über seine Wege, Strukturen und Konjunkturen relativ gut informiert.

Der Alpenbogen, das größte Gebirge Europas, scheidet Klima-, Vegetations- und Wirtschaftsräume, bildet aber gleichermaßen auch einen besonderen Lebens- und Wirtschaftsraum. An den jeweiligen naturräumlichen und den sich im Verlauf des Mittelalters verändernden klimatischen Gegebenheiten hatte sich der Alpentransit zunächst auszurichten. In den Westalpen liegt die Wasserscheide am Innenrand des Gebirgsbogens. Von Oberitalien her waren die Pässe hier in kurzen steilen Aufstiegen zu erreichen, bis zur Rhone mussten dagegen lange Täler mit verschiedenen Schluchten und Gegensteigungen überwunden werden; in diesem Gebiet konnte der Alpenraum fast nur auf Zweipassrouten gequert werden. Die Zentralalpen wiederum weisen zwei durchgehende Gebirgszüge auf, die die inneralpine Talfurche Wallis–Urserental–Graubünden trennt. Besondere Bedeutung besaß hier das Gotthardgebiet: Nachdem die Schöllenenschlucht für den Verkehr erschlossen war, ließ sich das Gebirge seit dem frühen 13. Jahrhundert über einen einzigen kurzen Pass überschreiten. Für die Ostalpen sind zahlreiche Längstäler mit ausgedehnten Talwegen, aber auch schwierigen Schluchten charakteristisch. Die Alpen wurden hier teils auf Ein-, teils auf Mehrpassrouten bewältigt. Die kürzeste Streckenführung hier war der Weg über den Brenner.

Für eine rasche und kostengünstige Warenbeförderung spielte die Anbindung an schiffbare Flüsse und Seen eine große Rolle. Kam man von Norden, ließen sich Güter beispielsweise bis ins Berner Oberland auf dem Wasserweg befördern; hatte man dann

Das berühmte Hospiz am Großen St. Bernhard (Schweiz) ist Indiz für die Gefährlichkeit des Alpenübergangs (Lithographie von Gulio Ferrario, 1821).

aber den ersten Alpenkamm im Wallis überquert, bestand keine Möglichkeit mehr, die Waren auf der damals noch mäandernden Rhone weiter nach Westen zu transportieren. Auch um den Lago Maggiore zu erreichen, musste noch eine zweite Alpenkette bewältigt werden. Im Unterschied dazu besaß die Linienführung über den Gotthard-Pass mit Vierwaldstätter See und Lago Maggiore auf beiden Seiten der Alpen Verbindung zu Wasserstraßennetzen.

Großen Einfluss auf den Fernhandel übten die jeweiligen klimatischen Bedingungen aus. So war die Zeit der römischen Herrschaft in eine warme Periode gefallen, die Siedlung, Wirtschaft und Verkehr im Alpenraum begünstigt hatte. Nach einer kurzen Zeit der Abkühlung folgte von etwa 900 bis 1300 die Phase des sogenannten hochmittelalterlichen Klimaoptimums. Sie erreichte ihren Höhepunkt im 13. Jahrhundert und war ein wichtiger Faktor für die dynamische Wirtschaftsentwicklung, die zahlreichen Städtegründungen und das Bevölkerungswachstum im gesamten damaligen Europa. Im Alpenraum intensivierte dieses Klimaoptimum Handel und Verkehr, weil es eine rege Begehung auch hochalpiner Pässe ermöglichte.

Um 1300 setzte eine Abkühlungsphase ein, die ihren Tiefpunkt um 1550 erreichte; aufgrund der wachsenden Gletscher wird sie als „Kleine Eiszeit“ bezeichnet. Da viele Übergänge über den Südalpenkamm bis auf 3500 Meter Höhe führen, verringerte sich der Verkehr hier bis in die frühe Neuzeit markant oder kam ganz zum Erliegen. Neben Quellenzeugnissen belegen archäologische Funde das Verwaisen von Passlinienführungen, die noch im späten Mittelalter begangen worden waren. So hat der Hitzesommer 2003 im Berner Oberland frühgeschichtliche bis mittelalterliche Funde freigegeben, die einen bisher unbekannten Übergang nachweisen: Über das bis vor wenigen Jahren vollständig vom Gletscher bedeckte Schnidejoch führte demnach ein noch im späten Mittelalter genutzter, dann aber wohl infolge der Gletschervorstöße in Vergessenheit geratener Verkehrsweg.

Oft eine unsichere Reiseregion

Nach dem Ende des Weströmischen Reichs und der Herrschaft des Gotenkönigs Theoderich im 5. Jahrhundert, die immerhin noch weite Teile der Alpen umfasst hatte, fiel es den „Barbarenvölkern“ aus dem Norden leicht, in Italien einzufallen. Angesichts der sich bekriegenden Völker der Ostgoten, Alamannen, Burgunden, Langobarden und Franken herrschten auch im Alpenraum instabile Verhältnisse; und eine ordnende Zentralmacht fehlte. Das Reisen wurde deshalb zu einer höchst unsicheren Angelegenheit. Das änderte sich erst, als die fränki-

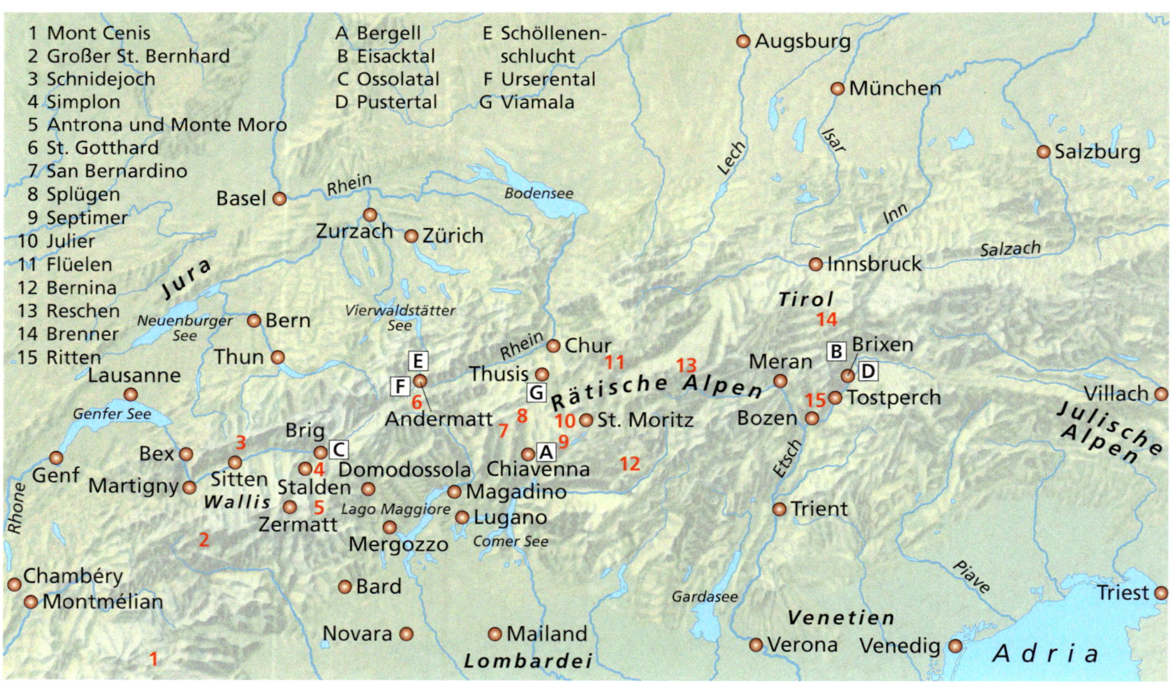

Die deutschen Könige und Kaiser zogen oft über die Alpen: um ihre Herrschaft zu schützen oder auszubauen oder um Krieg zu führen. Die Buchmalerei aus dem „Codex Balduini Trevirensis“ (um 1340) illustriert den Italienzug Heinrichs VII. von Luxemburg, genauer: den Übergang über den Mont Cenis und den Abstieg nach Susa.

schen Könige aus dem Geschlecht der Merowinger weite Teile des Alpengebiets kontrollierten bzw. die Karolinger im Verbund mit dem Papsttum ihre Kontrolle über den gesamten alpinen Raum ausbauten.

Die Einheit des karolingischen Reiches zerfiel jedoch, als es 843 unter den Enkeln Karls des Großen aufgeteilt wurde. Diese Schwächung machten sich bald andere Mächte zunutze, und so kam es am Ende des 9. Jahrhunderts auf den Alpenstraßen zu einem Rückfall in längst vergessene Zeiten. Von ihrem Stützpunkt Fraxinetum am Golf von Saint-Tropez aus unternahmen die aus Spanien herströmenden „Sarazenen“ über ein ganzes Jahrhundert hinweg Angriffe und Plünderungen bis in den östlichen Alpenraum hinein. Ein spektakulärer Coup gelang ihnen 972 auf dem Großen St. Bernhard mit der Gefangennahme des Abts von Cluny, der erst gegen ein hohes Lösegeld wieder freigelassen wurde. Immer wieder wurden Pilger und Kaufleute von den Sarazenen, bald aber auch von aus dem Osten in den Alpenraum drängenden ungarischen Heeren überfallen. Der Sieg Kaiser Ottos des Großen über die Ungarn auf dem Lechfeld bei Augsburg (955) sowie die Eroberung Fraxinetums durch Graf Wilhelm von Arles (972) setzten den Zeiten des unsicheren Reisens im Alpenraum schließlich ein Ende.

Bald erlebten politisch begründete Alpenüberquerungen einen großen Aufschwung. Otto der Große trat für eine *renovatio imperii* ein, eine Wiederbelebung des Römischen Reiches nach karolingischem Vorbild, das ganz Italien mit Ausnahme des Kirchenstaats umfassen sollte. Die deutschen Könige verfolgten diesen Anspruch zwar unterschiedlich intensiv, doch war ihre Anwesenheit südlich der Alpen nicht nur für die Kaiserkrönung unerlässlich. Weite Teile des Alpenraums selbst gehörten nun zu ihrem Reich, womit das römisch-deutsche Königtum für einen Großteil der Alpenbewohner die ferne, mehr oder minder ordnende Zentralmacht darstellte. Bis zum späten Mittelalter gewannen allerdings Talschaften, Gemeinden und Städte massiv an politischem Gewicht und emanzipierten sich sowohl von der Königsherrschaft als auch von zwischengeschalteten adligen Territorialherrschaften.

Wer in den geschilderten unsicheren frühmittelalterlichen Zeiten der Völkerwanderung über die Alpen reiste, tat dies zwar auf römischen Spuren, unterhalten wurde das Straßennetz der einstigen

Im 14. und 15. Jahrhundert gehörte Lyon zu den Gewinnern im Kampf um die Ausrichtung von Messen. Die niederländische Tapisserie (Arras, um 1530) zeigt die aufstrebende Stadt.

Supermacht aber nicht mehr. Dies bekam auch der Dichter und spätere Bischof von Poitiers, Venantius Fortunatus, zu spüren, als er 565 von Ravenna nach Tours zum Grab des heiligen Martin pilgerte. In einer Lebensbeschreibung des Heiligen und im Vorwort seiner Gedichtsammlung schildert er seinen Weg durch Venetien, über die Julischen Alpen, durch das Pustertal, über den Brenner nach Augsburg und weiter Richtung Westen. Dabei musste er zahlreiche Flüsse überqueren, teilweise sogar schwimmend; vermutlich waren die Holzbrücken aus römischer Zeit zerstört. Die Römerstraßen konnte man im Mittelalter in mehr oder minder großen Abschnitten weiter benutzen – das römische Straßensystem aber war untergegangen.

Erst seit dem 12. Jahrhundert interessierten sich Könige und Partikularmächte wieder stärker für das Straßen- und Brückennetz, denn für den stark angewachsenen Verkehr reichten die vorhandenen Straßen nicht mehr aus. Dafür waren Bevölkerungswachstum, Siedlungsbewegungen, veränderte Herrschaftstechniken beim Ausbau des Landes, Neuerungen in Wirtschaft und Handel und vor allem das wirtschaftliche Wachstum verantwortlich. Die öffentlichen Straßen (*via regia, rîches straze, lantstraze*), aber auch die Zölle (*thelonea*) und das Geleit (*ius conductus*) wurden nun als königliche Regalien definiert, das heißt als Rechte, die das Königtum an untergeordnete Herrschaftsträger weiterverlieh. Zwar behielt es sich bis ins späte Mittelalter eine gewisse Kontrolle über das Straßenwesen vor, de facto legten Territorialherren, Städte und Gemeinden aber verstärkt in Eigenregie neue Wege an, handelten in Zoll- und Geleitfragen eigenmächtig und konkurrierten untereinander um den Verkehr, den sie durch Straßenzwang auf ihre Routen lenkten: Dieses von lokalen Machthabern ausgeübte Recht bewirkte, dass Handelswaren nur auf bestimmten Straßen transportiert werden durften; im Gegenzug profitierten die Kaufleute vom besonderen Schutz dieser Straßen. Städte, die an einer solchen Straße lagen, konnten zudem ihr Stapelrecht ausüben, das heißt, sie konnten von durchziehenden Kaufleuten verlangen, die Waren für einen bestimmten Zeitraum abzuladen und feilzubieten. So wurde das Straßennetz zu einem Herrschaftsinstrument, dessen Unterhalt zwar aufwendig war, das oft aber auch große Einnahmen einbrachte.

Die Suche nach dem besten Weg

Die Großformen des alpinen Reliefs haben – im Verbund mit den klimatischen Gegebenheiten – die großen Fernhandelswege vorgegeben. Nördlich der Alpen entwickelten sich im Verlauf des Mittelalters Wirtschaftszentren wie Lyon, das Becken des Genfer Sees, Basel und der Bodenseeraum; von hier aus liefen die Transitrouten auf die Alpen zu, überquerten sie und führten weiter zu den oberitalienischen Handelsmetropolen. Schon vor der Eröffnung des direkten Seeverkehrs vom Mittelmeer nach Nordwesteuropa im letzten Drittel des 13. Jahrhunderts existierten aber auch Routen, die die Alpen in einer Kombination aus Land- und Seewegen umgingen. Innerhalb des alpinen Pass-Systems wiederum ließen der Auf- oder Abschwung von Wirtschaftszentren oder die Erschließung neuer Wege die Konjunktur bestimmter Strecken schwanken. Für die Geschichte aller Alpenpässe im Mittelalter ist charakteristisch, dass sie sich einerseits im Wettbewerb befanden und andererseits ergänzten.

Im Früh- und Hochmittelalter benutzte man zwischen dem Brenner im Osten (mit 1370 Metern Höhe der niedrigste Alpenpass) und dem Mont Cenis im Westen für den Transit hauptsächlich zwei Übergänge: im Westen den Großen St. Bernhard und im Osten den Julier-Pass. Der zwischen diesen beiden Passlandschaften liegende Raum war für den überregionalen Fernverkehr noch weitgehend unerschlossen. Die sogenannte Neuentdeckung der Straße im 12. Jahrhundert führte hier nicht nur zu einem sich verstärkenden Straßenbau, sondern auch zur Erschließung neuer Fernhandelsrouten.

Bei dieser Neuorganisation des Verkehrs im Alpenraum besaß der Brückenbau eine hervorragende Stellung. Er beschleunigte und verbilligte den Warentransport auf den vorhandenen Wegen, erschloss aber auch neue Routen. So ermöglichte erst eine Brücke bei Stalden (Oberwallis), den Talweg in Richtung Antrona- und Monte-Moro-Pass zu nutzen; zuvor hatte der Transitverkehr die tiefe Schlucht durch einen Höhenweg umgehen müssen.

Auch der Gotthard ließ sich überqueren, nachdem man um 1220/1230 die Schöllenenschlucht gangbar gemacht hatte. Über die Beschaffenheit der „Stiebenden Brücke“ ist nichts Sicheres überliefert, jedoch wurden in der Schlucht Anzeichen dafür gefunden, dass der Übergang ein um den Fels geführter Steg war, der auf Balken ruhte und gleichzeitig an Ringen hing. Der Simplon wurde wohl bereits im 12. Jahrhundert vermehrt vom Transitverkehr passiert, wahrscheinlich auch auf abschnittsweise neu erschlossenen Linienführungen. Spätestens das Stadtrecht der bischöflichen Hauptstadt Sitten des Jahres 1217 belegt schließlich den Handel mit Fernhandelswaren, die „de Lombardia per Sedunum“, also von der Lombardei nach Sitten ins Wallis geführt wurden.

Die kürzere Gotthard-Route bescherte den Westalpenpässen im späten Mittelalter mit Erfolg Konkurrenz. Der westalpine Verkehr wurde durch den Niedergang der Messen in der Champagne und in Genf stark beeinträchtigt (siehe unten). Darüber hinaus konnte die Meeresschiffahrt höhere Transportkapazitäten anbieten. Und nicht zuletzt nahm der Handel über die Bündner, Tiroler und Salzburger Pässe beträchtlich zu. Insbesondere der Brenner mit seinem großen, zum Fernhandel befähigten Hinterland beiderseits der Alpen begann, im spätmittelalterlichen Transitstraßennetz eine herausragende Stellung einzunehmen. Bestimmend war dafür der wirtschaftliche Aufstieg der süddeutschen Städte. Bis ins 16. Jahrhundert verlagerte somit der alpenquerende Fernhandel seinen Schwerpunkt. Begleitet wurde dies von einer erheblichen Optimierung der Transportbedingungen entlang den Passrouten in den Ostalpen. Als Folge des Wettbewerbs der Bündner Pässe verbesserten sich beispielsweise die nördlichen Zugänge zu Splügen und Bernina: 1473 entstand auf einen Beschluss der Gemeinden Thusis, Mazein und Cazis hin, „die richstrass und den waeg entzwünschend tusis und Schams, so man nempt Fyamala ze machen“, der Saumweg der Viamala. Der schlecht unterhaltene Weg am Hinterrhein war zusehends zerfallen, weshalb ihm im 13. Jahrhundert auch sein Name als „schlechter Weg“ gegeben worden war. Die ausgebaute Route avancierte zu einer wichtigen Transitverbindung, deren inzwischen hinfällige Benennung sich trotz der Verbesserung des Weges hartnäckig hielt. So wurde die Viamala in John Knittels gleichnamigem Roman sowie in dessen Verfilmungen zum Sinnbild für einen sich auf dem falschen Weg befindenden Protagonisten.

Die Romwegkarte des Erhard Etzlaub ist gesüdet – zur besseren Orientierung der Reisenden, seien es Pilger oder Kaufleute (Holzschnitt, Nürnberg, um 1492).

Fremde im Alpenraum

Durch den mittelalterlichen Alpenraum zogen Könige und Kaiser, Päpste und Bischöfe, Kleriker und Nonnen, Krieger und Söldner, Handwerker und Gesellen ebenso wie Scholaren und Magister, um nur einige zu nennen. Die größte Gruppe stellten wohl die Rom- und Jerusalempilger dar. Besonders zahlreich waren sie in den seit dem Jahr 1300 regelmäßig ausgerufenen *Anni Santi* (Heilige Jahre). Da mit einem Rom-Besuch ein „vollkommener Ablass" (Sündennachlass) lockte, machten sich viele Menschen auf den Weg. Der Zoll von Bard an der St.-Bernhard-Route verzeichnete zwischen Ostern 1300 und Palmsonntag 1301 infolge des Pilgerstroms statt der durchschnittlich 800 Reitpferde die zehnfache Zahl von 8673 Pferden. Es verwundert daher nicht, dass der Nürnberger Kartograph Erhard Etzlaub vor dem Hintergrund des Heiligen Jahres 1500 eine Romwegkarte anfertigte, die den Pilgern den Weg weisen sollte. Die Straßen sind darauf als punktierte Linien wiedergegeben, wobei jeder Punkt einer deutschen Meile (7,4 Kilometern) entspricht. Das Kartenblatt ist gesüdet, also praktischerweise auf das Ziel hin orientiert: Rom liegt am oberen Kartenrand, das römisch-deutsche Reich unten.

Aus beruflichen Gründen waren die Kaufleute unterwegs, die ihre Waren über das Gebirge befördern wollten. Sie waren eng in das örtliche Wirtschafts- und Verkehrssystem eingebunden. Regionale Machthaber oder lokale Herren erteilten Einzelnen oder Gruppen meist auf einen längeren Zeitraum hin gültige Privilegien zur Wegenutzung auf ihrem Territorium. Diese wurden von Seiten der Kaufleute oft durch Zollzahlungen, Geleitgelder, Straßenunterhaltsbeiträge sowie weitere verkehrsbezogene Abgaben entschädigt. Neben einer gut ausgebauten Infrastruktur waren für die Kaufleute aber auch die Dienste wichtig, die die Bergbewohner als Führer, Säumer, Ballenführer oder Fuhrleute zur Verfügung stellten.

Die Handelsverkehrsströme über die Alpen schwankten allerdings stark. Neben den bereits erwähnten Gründen waren dafür nicht zuletzt die Konjunkturen des europäischen Handels verantwortlich. So brachte etwa das 13. Jahrhundert einen ungeheuren Anstieg des Handelsvolumens – von der lokalen bis zur „internationalen" Ebene. Im 14. Jahrhundert dagegen schrumpfte die Wirtschaft – eine Folge der Klimaverschlechterung, von Hungersnöten und Pestwellen sowie dem damit einhergehenden Bevölkerungsrückgang. Sie erholte sich erst seit etwa der Mitte des 15. Jahrhunderts wieder.

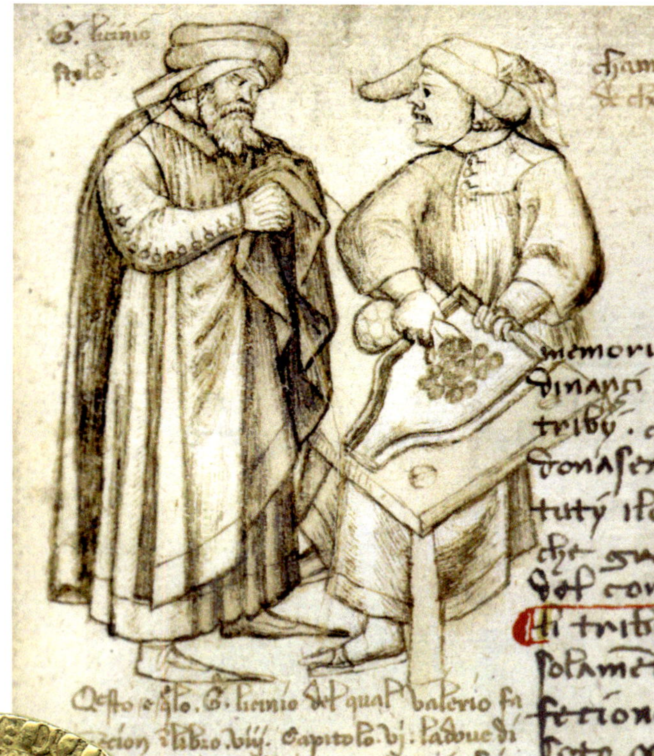

Die Miniatur illustriert Geldverkehr im Europa des 15. Jahrhunderts.

Bei der Münze mit Kreuz bzw. stilisiertem Tor handelt es sich um einen Gold-Genovino der Münzstätte Genua. Geprägt wurde sie um 1380, gefunden wurde sie 1908 bei Chippis im Wallis.

Der transalpine Fernverkehr wurde zudem auch von geographischen Verlagerungen wirtschaftlicher Schwerpunkte beeinflusst. Noch in der Mitte des 14. Jahrhunderts besaßen die Städte an Po und Arno das größte wirtschaftliche Gewicht. Bis zum Ende des 15. Jahrhunderts verlagerten sich die europäischen Wirtschaftsströme dann nach Norden, unter anderem in den süddeutschen Raum. Damit veränderte sich neben dem Fernhandelsroutensystem auch das Netzwerk bedeutender Messen, das im expansiven 13. Jahrhundert entstanden war. So existierte während des gesamten Mittelalters immer eine Messestadt von internationaler Bedeutung auf der Strecke zwischen Paris und Italien: Die zunächst dominierenden Messen in der Champagne wurden im 14. und 15. Jahrhundert nacheinander von den Messeorten Chalon-sur-Saône, Genf und Lyon in ihrer wirtschaftlichen Bedeutung abgelöst.

Alle diese Messeorte beeinflussten Handel und Verkehr im Alpenraum. Mit dem Aufschwung der Champagne-Messen in der ersten Hälfte des 13. Jahrhunderts erhielt zum Beispiel das Passland Wallis eine Scharnierfunktion für den Handel zwischen Oberitalien und Burgund; wenigstens im Hinblick auf die mailändische Kaufmannschaft, die noch zu den Genfer Messen strömte, konnte diese Funktion trotz Pestwellen und kriegerischen Wirren im 14. Jahrhundert in geminderter Form bewahrt werden. Spätestens im sich neigenden Mittelalter wandte sich aber das Blatt: Die europäischen Fernhandelsströme hatten sich nun zuungunsten der Herrschaftsgebiete am oberen Rhonelauf gewandelt. Der Aufschwung der Lyoner Messen tangierte schließlich nur noch den Handelsverkehr auf dem weit westlich gelegenen Mont Cenis. Das Aufblühen neuer, nördlich gelegener Messeorte wie Zurzach im späten Mittelalter begünstigte dagegen nur noch den Verkehr über die Zentral- und Ostalpenpässe, wie etwa den Gotthard.

Sustorte lagen etwa eine Tagesreise voneinander entfernt. In der alten Suste in Engi an der Südseite des Simplon-Passes (Wallis) stammt das Holz teilweise noch aus Einschlägen von 1537.

Die Techniken der Händler

Der Wirtschaftsaufschwung des 13. Jahrhunderts wirkte sich nicht nur auf das alpine Verkehrsnetz aus, sondern – von Italien ausgehend – auch auf die Abwicklung des Fernhandels. Was man als Handelsrevolution des 13. Jahrhunderts bezeichnet, war vorwiegend Resultat eines erheblichen Bevölkerungswachstums und des enormen Anstiegs der in Umlauf befindlichen Geldmenge. Dies schürte eine bislang ungekannte Nachfrage nach Luxusgütern – nicht nur in Italien, sondern auch nördlich der Alpen.

Bis zu diesem Zeitpunkt war das Anwachsen des alpinen Fernhandels in traditionellem Rahmen verlaufen: Italienische Kaufleute beluden einfach ein paar zusätzliche Maultiere mit Waren, wenn sie die Reise nach Norden antraten. Von einer bestimmten kritischen Masse an wurde jedoch eine Arbeitsteilung möglich: Die Unternehmen konnten nun ne-

ben den Händlern mit festem Sitz in Norditalien Warenspeditoren sowie Handelsagenten jenseits der Alpen unterhalten. Erstere spezialisierten sich auf Finanzierung und Organisation des Import- und Exportgeschäfts; die Warenspeditoren beförderten im Verbund mit einheimischen Fuhrleuten (*vecturii, vecturales*) auf den Landrouten, mit Schiffern auf den Wasserwegen die Waren; Letztere widmeten sich nördlich der Alpen den Ein- und Verkäufen. Eine solche Arbeitsteilung fand zuerst entlang stark begangener Routen statt.

In Gebieten, die wirtschaftlich florierten, bürgerte sich neben der Verwendung von Münzen der Gebrauch von ergänzenden Krediten ein, wodurch das Geldangebot vorweggenommen und gesteigert wurde. Dies wiederum ermöglichte den Händlern, umfangreichere Geschäfte zu tätigen. Seit dem 12. Jahrhundert erlangte zudem der Einsatz von Wechseln, die zu einem wichtigen Element der „Handelsrevolution" des Mittelalters wurden, große Bedeutung. Es handelte sich dabei um Wertpapiere, welche eine Zahlungsanweisung enthielten, die an einem anderen Ort, also auch jenseits der Alpen, in der dort gültigen Währung eingelöst werden konnte. Der Vorteil des Verfahrens bestand darin, dass die Händler nicht länger große Mengen an Edelmetall mit sich führen mussten; zudem erleichterte es den Wechsel von einer Münzsorte in eine andere. Seit der ersten Hälfte des 14. Jahrhunderts konnten in vielen europäischen Städten bargeldlos geschäftliche Zahlungen getätigt werden. Außerhalb der Reichweite von Bankenplätzen und in handelsarmen Gebieten mussten Zahlungen jedoch weiterhin in Edelmetallen vorgenommen werden.

Die Waren allerdings mussten immer noch mühselig über die Alpen spediert werden. Auf den Zufahrtswegen geschah dies wo immer möglich auf Wasserwegen, ansonsten mit Karren auf befahrbaren Landstraßen. Auf den Passwegen selbst wurden die Handelsgüter fast durchgehend zu Fuß oder mit Lasttieren befördert. Zum Einsatz kamen alle für das Tragen von Lasten geeigneten Tierarten. Im Herrschaftsgebiet Savoyen verwandte man im 12./13. Jahrhundert Pferde, Maultiere, Esel, Ochsen und Rinder. Ein Packpferd konnte etwa eine *charge* Tuch, Tierhäute oder Schnittware mit einem Gewicht von vier Quantal (etwa 195 Kilogramm) tragen. Der Winter tat dem Warenverkehr keinen Abbruch; das Transportwesen bot den einheimischen Bauern, die dann eher abkömmlich waren, zusätzliche Einnahmen.

Italienische Tuche waren jenseits der Alpen sehr beliebt und daher ein wichtiges Exportgut. Die Miniatur aus dem Statutenbuch der Textilhändler-Gilde zeigt einen Tuchverkauf (14. Jahrhundert; heute Museo Civico, Bologna).

Beeindruckend ist die Menge der Waren, die im 14. Jahrhundert im Winter über den Mont Cenis transportiert wurde – zu einer Jahreszeit, in der man heute eine Überquerung für unmöglich hält. Die savoyischen Zollaufzeichnungen von Montmélian zeigen, dass zwischen dem 22. Januar und dem 1. Mai 1300 2226,5 zollpflichtige Warenladungen den Pass überquerten. Um auf den eingeschneiten Passwegen einen Weg zu bahnen, setzte man trittsichere Ochsen ein. Im mittelalterlichen Wallis sind sogenannte *Schneeweger* belegt, einheimische Führer, die den Reisenden den Weg durch die Schneemassen bahnten. Mit jeder Art von Transportmittel ließen sich in der Regel 20 bis 40 Kilometer pro Tag zurücklegen. Über den Simplon-Pass lagen die *Sustorte* (Etappenorte) dementsprechend im Schnitt etwas mehr als 30 Kilometer auseinander. Die Wegstrecke von Mergozzo (Lago Maggiore) das Ossolatal hinauf nach Domodossola beträgt knapp 30 Kilometer, die von Domodossola nach Simplon-Dorf und diejenige über den Pass bis Brig im oberen Rhonetal je 32 Kilometer. Ähnlich sind die Entfernungen der folgenden Sustorte in Richtung Genfer See.

Der Warentransport auf dem Landweg war nicht billig: Als die Firma del Bene im Jahr 1319 auf den

Packtiere – hier Esel – trugen die schwerste Last (Detail des Freskos „Die Wirkung einer guten Regierung" von Ambrogio Lorenzetti, Anfang des 14. Jahrhunderts, Palazzo Pubblico, Siena).

Messen von Troyes feinste französische Tuche kaufte und in regelmäßigen Lieferungen nach Florenz bringen ließ, beliefen sich die Kosten für Transport, Verpackung, Wegzölle und Versicherung durchschnittlich auf 16 Prozent des Warenwerts, in einem Fall sogar auf 20 Prozent. Neben den hohen Kosten eines transalpinen Gütertransports stellte sich stets das Problem der Sicherheit von Reisenden und Waren. Kaufleute und Speditoren ließen sich daher von den Herren des Territoriums, durch das sie reisten, bewaffnete Eskorten stellen – natürlich gegen Zahlung einer Geleitabgabe. Als Gegenleistung für alle diese Abgaben (Zölle, Geleit-, Wege- und Brückengelder) wurde vielfach in bilateralen Verträgen und Abkommen festgehalten, dass die Territorialherren Ausbau und Unterhalt des jeweiligen Verkehrsnetzes (samt Infrastruktur) sowie den Schutz des Transitverkehrs zu gewährleisten hatten.

Wer transportierte was wo über die Alpen?

Die Warenpalette und die Warenmenge, die im Alpentransit gehandelt wurden, schwankten stark je nach Zeit und Pass. Unterschiedlich sind aber auch die Informationen, die uns jeweils vorliegen. So war im savoyischen Pass-Staat das Rechnungswesen bereits im 13. Jahrhundert derart ausgefeilt, dass für zahlreiche Zollstellen an den Westalpenpässen für längere Perioden Zollregister und Zollrechnungen überliefert sind; sie bieten detaillierte Angaben zu den Waren, die über den Simplon, den Großen St. Bernhard und den Mont Cenis transportiert wurden. Für die meisten anderen Pässe fehlen derartige Zeugnisse oft selbst für spätere Jahrhunderte.

Diese Rechnungen der savoyischen Zölle sind die ältesten, die wir in Europa kennen. Für den Zeitraum zwischen 1282 und 1400 lassen sich schließlich eindeutige Aussagen zu den wichtigsten im Gebiet der drei Pässe gehandelten Produkten treffen. Unter den für Oberitalien bestimmten Waren sind in erster Linie englische Wolle und Tuche zu nennen – immerhin sind von den rund 7000 Tonnen Wolle, die England 1288 bis 1294 und 1304 bis 1309 ausführte, hier rund 300 Tonnen verzeichnet. Bei den Tuchen lässt sich die Menge nicht exakt bestimmen, weil unterschiedliche Einheiten aufgeführt werden (Stück, Ballen verschiedener Größe, Saum usw.). Der Höhepunkt liegt in den 1280er Jahren, in denen bis zu 2000 Ballen Tuche aus dem

Norden die Pässe überschritten. Nach 1300 begann der Export italienischer Tuche, der die als „Waren aus der Lombardei" zusammengefassten Produkte (vor allem Spezereien, Öl, Waid) bei weitem übertraf.

In geringem Umfang wurde Eisen über die Alpen transportiert (es wurde auf beiden Seiten gewonnen), Zinn und Blei fehlten dagegen ganz. Die anderen an den Westalpenpässen verzeichneten Waren, allen voran das Salz im Walliser Rhonetal mit 360 bis 400 Tonnen, überschritten die Pässe nicht oder nur in geringen Mengen. Da die in der Ebene gelegenen Zollstellen neben dem Pass- auch den Talverkehr aufzeichneten, ist es möglich, auch diesen regionalen Handel zu fassen. Pferde erscheinen in den Zollakten nicht nur als Tragtiere, sondern auch als Handelsware, so etwa am Zoll von St. Maurice, wo sich ein Pferdemarkt befand. An einigen Zollstellen erfasste man auch die Pferde der Kaufleute oder Speditoren, die die Waren in Richtung Süden begleiteten. Auf dem Weg nach Norden wurden dagegen nur die italienischen Streitrosse (*dextrarii*) verzeichnet – man erkennt sie an den hohen Zollsätzen, mit denen sie belegt waren; in manchen Jahren waren es einige hundert. Von Viehhandel erfahren wir für den Simplon und den Großen St. Bernhard nichts, ganz im Gegensatz zum Mont Cenis, wo besonders Schafe verzollt wurden. Bereits in den ersten Jahrzehnten des 14. Jahrhunderts spiegeln die Zollaufzeichnungen strukturelle Veränderungen im Fernverkehr wider: Waren und Reisende beginnen zu diesem Zeitpunkt allmählich aus den Westalpen abzuwandern.

Die Zollquellen der Ostalpenpässe weisen eine noch reichhaltigere Warenpalette aus, darunter viele Luxusgüter und Waren aus Venedig. Über den Brenner gingen neben Gewürzen, Baumwolle und Seidenstoffen an hochpreisigen Waren hauptsächlich Südfrüchte, Alaun, Brasilholz sowie Seife, Glas und italienische Streitrosse. Das wichtigste aus dem Süden kommende Massengut war hier der Wein. Aus der Gegenrichtung war Salz von der im 13. Jahrhundert eröffneten Saline Hall (fünf Kilometer östlich von Innsbruck) der Hauptexportartikel. Aus „teutschen landen" kamen auch Kupfer und Zinn, während Leinwand und Wolltuch wohl in beide Richtungen befördert wurden.

Im Mittelalter wies der Brenner das größte Verkehrsaufkommen aller Alpenpässe auf. Der Gesamtverkehr lässt sich anhand der überlieferten Zollsätze auf jährlich 1300 bis 4000 Tonnen schätzen, von denen rund ein Viertel auf den Fernhandel entfiel. Vor allem im Verbund mit dem Reschen-Pass übertraf das beförderte Warenvolumen im 14. Jahrhundert das der westalpinen Konkurrenten bei weitem. Soweit sich aus den wenigen und unsicheren Daten, die uns zur Verfügung stehen, Trends ablesen lassen, sanken die jährlichen Transportmengen über die Westalpenpässe im späten Mittelalter, während der Verkehr über die Ostalpenpässe anstieg. Finanziell gelohnt haben dürfte sich der Alpentransit am ehesten bei Luxusgütern, für Massengüter war dagegen die Seeroute weitaus kosten- und zeitgünstiger.

Verkehrspolitik und Straßenbau

An der Frage, welche „Verkehrspolitik" im Alpenraum betrieben wurde, waren die jeweiligen lokalen und regionalen Herrschaften ebenso interessiert wie die Kaufleute, die den Transithandel über die Alpen betrieben. Nicht selten ergriffen Letztere sogar die Initiative und versuchten, Maßnahmen anzustoßen oder zu beeinflussen. Besaß eine Gruppe von Kaufleuten Interesse an einer bestimmten Route, dann bekundete sie auch ihre Unzufriedenheit, wenn die Wartung der Wege und Straßen nicht zuverlässig erfolgte.

Die italienische Kaufmannschaft etwa zeigte kontinuierlich Interesse an der Route über den Simplon. Seit dem 13. Jahrhundert entsandte vor allem die mailändische *universitas mercatorum* in regelmäßigen Abständen Prokuratoren und andere Bevollmächtigte, um mit den lokalen und regionalen Machthabern der Walliser Politik, insbesondere dem Bischof von Sitten als weltlichem Herrscher über das obere Wallis, die Bedingungen für den Transitverkehr zu verhandeln. Daraus resultierten Verträge und Abkommen mit detaillierten Regelungen. Es ging um den freien Verkehr von Gütern, die Zusicherung von Geleit, Privilegien, Garantien, Ersatz im Schadensfall, den Bau und die Instandhaltung von Straßen und andere Infrastrukturmaßnahmen, teilweise auch um die Festlegung von Niederlagsorten (Städte, in denen die Waren der durchziehenden Kaufleute abgeladen und angeboten werden *mussten*), nicht zuletzt aber auch um die Festlegung von Zolltarifen, Sustgebühren und anderen verkehrsbezogenen Abgaben. Mit derartigen vertraglichen Regelungen wollten die Kaufleute vor allem verhindern, dass Gebühren willkürlich erhöht wurden.

In ihrem westlichen Abschnitt befand sich die Simplon-Pass-Route im Einflussbereich des Hauses

Die Chi-Brücke in der Walliser Gemeinde Stalden führt in rund 48 Metern Höhe über die Matter Vispa; sie wurde 1544/45 erbaut und ersetzte eine erst 15 Jahre alte Steinbrücke. Wo die erstmals 1307 erwähnte „erste" Chi-Brücke stand, ist nicht bekannt.

Savoyen. Die Kaufleute schlossen folglich auch mit diesem Verträge ab. 1338 wurde gar der Zöllner von St. Maurice zum Bischof von Novara (im Piemont) und zu Azzo Visconti geschickt, der von 1328 bis 1339 Mailand regierte: Er sollte bestätigen, dass die Instandsetzung der Straßen im savoyischen Bereich weiterhin so erfolgte, wie es die Vereinbarungen vorsahen, die mit Ludwig II. von Savoyen, Sire de Vaud und zu diesem Zeitpunkt beherrschender Berater Graf Aymons von Savoyen, ausgehandelt worden waren. Ein derartig enges Zusammenspiel von Wirtschaft und Politik lässt sich im gesamten Alpenraum beobachten. Während zunächst vor allem die italienischen Kaufleute in den alpinen Transiträumen eine solche Wirtschaftspolitik praktizierten, taten es ihnen im späten Mittelalter die süddeutschen Händler gleich, indem sie möglichst günstige Konditionen aushandelten.

Investitionen in Bau und Unterhalt von Straßen und Wegen wurden vor allem für Strecken getätigt, auf denen Handel und Verkehr florierten, was entsprechende Einnahmen versprach. Die ersten Nachrichten zum alpinen Straßenbau stammen aus den Westalpen und betreffen die durch das Wallis verlaufende Rhonetalstraße. Aus Rechnungslegungen der Grafen von Savoyen für die Jahre 1285 bis 1351 gewinnen wir ein sehr präzises Bild über die Arbeiten, die auf den rund 22 Kilometern zwischen Martigny und Bex vorgenommen wurden: Zur Befestigung des Wegrands verwandte man Kies, Reisigbündel und Holzpfähle; und damit das Wasser von der Fahrbahn ablaufen konnte, wurde auf beiden Seiten der Straße ein Graben gezogen.

Mit einmaligen Arbeiten war es allerdings nicht getan – es war, wie die Abrechnungen zeigen, ein andauernder Kampf gegen die Naturgewalten. Immer wieder musste die von der Rhone unterspülte Straße näher an den Berghang verlegt werden; immer wieder mussten die Brücken erneuert werden, die aus den Seitentälern herabstürzende Bergbäche regelmäßig fortrissen; und immer wieder mussten Arbeiterkolonnen die von Bergsturz und Steinschlag unterbrochene, im Winter unter Schneemassen begrabene Straße freiräumen. Bis zu 700 im Tagelohn besoldete Arbeiter sowie 40 bis 60, in Ausnahmefällen auch 100 und mehr Wagen wurden für diese Unterhaltsarbeiten pro Jahr eingesetzt.

Für die Zeit nach 1300 sind auch in den Ostalpen Nachrichten zum Ausbau von Gebirgsstrecken für den Handelsverkehr überliefert. Dies gilt auch für den sogenannten Kuntersweg, der erstmals eine direkte Verbindung zwischen Bozen und Brenner durch das Eisacktal erlaubte. Bis zu diesem Zeitpunkt machte eine Schlucht aus nahezu senkrechten Porphyrwänden das Tal unpassierbar, und die Route führte mit beschwerlichen Auf- und Abstiegen über den Ritten. Im Jahr 1314 verlieh Graf Heinrich von Tirol-Görz dem bewährten Südtiroler Wegebauer Heinrich Kunter auf zehn Jahre das Privileg für den *wech* zwischen Bozen und Tostperch (bei Waidbrück); das bedeutete, dass Kunter einen

Weg durch das Tal anzulegen hatte und dafür Zoll kassieren durfte. Aus den Einnahmen mussten allerdings auch die Reparaturarbeiten finanziert werden. In äußerst mühevoller Arbeit, mit Hacke und Hammer, schlugen die Arbeiter oberhalb der Wildwasser des Eisack einen Steig in den Fels. Als Heinrich Kunter 1317 starb, trat seine Frau Katharina an seine Stelle und erhielt 1326 den Reparaturauftrag samt Zoll für weitere zehn Jahre als Lehen bestätigt.

Der Erfolg des Kunterswegs, dem schließlich der Status einer *gemain lantstrazze* – einer öffentlichen Straße überregionaler Bedeutung – verliehen wurde, rief Konkurrenten auf den Plan. Deren Absichten, andere Pfade ähnlich auszubauen, ließ die Witwe Kunter 1333 urkundlich untersagen. Die weitere Geschichte der Straße wirft ein interessantes Schlaglicht auf die Finanzierungsmethoden des mittelalterlichen Wegebaus. Nach dem Tod Katharina Kunters verkauften ihre Erben das Lehen im Jahr 1346 für 220 Mark Bern-Meraner Münze an Arnold von Bozen weiter. Dieser hob 1360 den Zoll auf und wandelte seine Güter zum eigenen und seiner Vorfahren Seelenheil in eine Stiftung um; aus deren Einnahmen waren künftige Reparaturmaßnahmen für die Straße zu bestreiten. 1483 nahm der Graf von Tirol als Landesherr Zoll und Weg schließlich in eigene Verwaltung.

Ein letztes Beispiel: Der Bündner Septimer-Pass gehörte schon in der Römerzeit zu den wichtigsten Alpenpässen. Auch im Mittelalter zogen Händler und Heere über den Septimer, 961 etwa Otto der Große, gut 200 Jahre später Friedrich Barbarossa. Die gesamte Septimer-Route und damit auch die mit ihr verbundenen Zolleinnahmen fielen in den Einflussbereich des Bischofs von Chur. 1387 sollte sie zu einer befahrbaren Straße ausgebaut werden. Damit wollte man vor allem dem Interesse der mailändischen Kaufleute entgegenkommen und die Konkurrenzfähigkeit des Septimer gegenüber dem Gotthard stärken. Damals verpflichtete sich der Bergeller Adlige Jakob von Castelmur gegenüber dem Bischof von Chur, dass er „ainen weg und lantstraß über den vorgenanten berg von Tinzen untz gen Plurs [Tinizong bis Plurs im Bergell] machen will und buwen sol, also das man mit wägen wol darüber gefaren und gewandeln mag". Der ausdrückliche Vermerk über die Befahrbarkeit ist ein seltenes Detail, sogar die Kapazität der Wagen steht im Vertrag (36 *rub/rubbia* Wagenlast). Der Unternehmer sollte für die Durchführung der Arbeiten sowie für die kontinuierliche Instandhaltung für zunächst zehn Jahre eine *weglösi* erheben dürfen. Man hat in neuerer Zeit versucht, diesen Fahrweg im felsigen Gelände zu identifizieren. Ob die gefundenen Wagenspuren an der Südseite des Septimer mit dem Projekt Castelmurs in Beziehung stehen, bleibt aber ebenso unklar wie die Frage, ob die Arbeiten damals überhaupt zum Abschluss kamen. Es ist jedoch interessant, dass wie beim Kuntersweg ein „privater" Unternehmer eingeschaltet wurde; dieses Vorgehen lässt sich im Straßenbau des mittelalterlichen Alpenraums gehäuft beobachten.

Die Geländeverhältnisse im Alpenraum erforderten für den Bau und Unterhalt von Passwegen oft den Einsatz ungewöhnlicher technischer Mittel. So berichtet der Dominikanermönch Felix Fabri 1483 in seinem Pilgerreisebericht für den Kuntersweg und weitere Ostalpenwege: „Der Herzog von Österreich [Herzog Sigismund der Münzreiche von Tirol] hatte ihn [den Kuntersweg] so herrichten lassen, dass man mit Fuhrwerken auf demselben hinauf- und hinabfährt ... Es ist noch nicht zwei Jahre her, da war dieser Weg so schlecht, dass man ihn nur mit großen Schwierigkeiten, das Pferd mit der Hand nach sich ziehend,

1972 entdeckte der Graubündner Wegeforscher Armon Planta zwischen Maloja und Casaccia (Engadin/Bergell) eine steile Rampe mit Karrgeleisen, die römischen Ursprungs sein könnten: Der Übergang römischer Armeen über den Septimer ist durch eine Reihe von Funden belegt.

Das Gemälde „Alpenstraße“ stammt von Albrecht Dürer (heute im Escorial, Madrid).

begehen konnte … Der Herzog hat jetzt … auf kunstvolle Weise durch Feuer und Schießpulver die Felsen sprengen, die Klippen abtragen und die großen Steine beseitigen lassen, so dass er mit vielen Kosten das Unwegsame zu offenen Wegen ebnete. Das hat er aber nicht bloß hier, sondern an mehreren Orten der in seinem Machtbereich liegenden Rätischen Alpen ausführen lassen.“

Einheimische Transporteure, Hospize und Gastbetriebe

Welche Bedeutung hatte der Verkehr über die Alpenpässe für die lokale Bevölkerung? Für die Route über den Großen St. Bernhard sind wir bereits im 10./11. Jahrhundert über ein lokales Führerwesen informiert. 905 und 943 werden erstmals sogenannte *marroniers* am Großen St. Bernhard erwähnt, die sich gegen eine entsprechende Entschädigung anboten, die Reisenden und deren Gepäck sicher über den Pass zu führen. Als der Abt von Sint-Truiden/Saint-Trond (im heutigen Belgien) und der Bischof von Lüttich im Januar 1129 unter denkbar schlechten Witterungsbedingungen in Richtung Norden reisten, trugen ihre Führer dicke Handschuhe, Pelzmützen und Nagelschuhe gegen das Ausgleiten auf Eis und Schnee sowie lange Bergstöcke.

Einen kontinuierlichen Transitverkehr gab es nur in wenigen Tälern, und nur in diesen konnte die Bevölkerung durch den Unterhalt der Routen und die Abwicklung der Transporte Geld verdienen. Ein organisiertes Säumerwesen begegnet uns frühestens im 13. Jahrhundert. Die erste Säumerordnung des Jahres 1237 existiert ausgerechnet für einen Pass, der noch gar nicht lange für den europäischen Transitverkehr geöffnet war: Es ist die Säumerordnung von Osco am Gotthard-Saumweg. Auch am Simplon-Pass ist bereits im 13. Jahrhundert ein professionelles Saumwesen nachweisbar.

Von diesem Zeitpunkt an bildeten sich unterschiedliche Formen des Warentransports heraus. Generell standen sich zwei Interessengruppen gegenüber: die einheimischen Transporteure und die fremden Handeltreibenden. Die an einer Transitroute liegenden Gemeinden waren zum Bau und Unterhalt von Wegen und Brücken verpflichtet und leiteten daraus kommunale Monopolrechte für den Warenverkehr auf ihrem Gemeindegebiet ab. Auf diesen Strecken wickelten einheimische Transportgenossenschaften (italienisch *Porten*, deutsch *Roden*) den Warenverkehr ab, der sich damit zu einem Etappentransport entwickelte. In der kommunalen Suste (von italienisch *sosta*, gebührenpflichtiges Transitlager) wurden die Waren eingelagert, die Säumer der Nachbargemeinde herantransportiert hatten und die der Ballenteiler dann den eigenen Säumern zur Spedition in die Suste der nächsten Gemeinde übergab.

Dieses Portensystem bzw. dieser Rodbetrieb verschaffte der lokalen Bevölkerung einen Zusatzerwerb, stellte aber die Kaufleute, die an einem ununterbrochenen Verkehr interessiert waren, nicht immer zufrieden. Als Alternative setzte sich daher vor allem im späten Mittelalter zunehmend die sogenannte Strackfuhr durch, die das Kaufmannsgut durch einen einheimischen Säumer oder fremden Spediteur an den kommunalen Susten vorbei direkt von Flüelen nach Magadino am Lago Maggiore oder von Sitten nach Domodossola beförderte. Da die Stracksäumer die Transitwege nutzten,

Auf einem Zug ins Schwarzenburgerland plündern die Berner ein ländliches Gasthaus; bezeichnenderweise ist das Gasthaus als einziges Haus des Dorfes ein Steinbau und mit Ziegeln bedeckt (Berner Chronik des Benedicht Tschachtlan, 1470).

ohne sich am Wegebau und -unterhalt zu beteiligen, hatten sie eine *fürleite* (Abgabe an die Anliegergemeinden) zu entrichten. Die Trennung in Rod- und Strackfuhr entwickelte sich je nach Gegend unterschiedlich. So konnte sich in Graubünden, wo die Autonomie der Gemeinden sehr ausgeprägt war, die Portenorganisation bis zum Bau der Fahrstraßen halten. Am Gotthard setzte sich dagegen die Strackfuhr durch. In Zeiten hohen Transportbedarfs und wenn an steilen Strecken die Lasten auf mehrere Tiere verteilt werden mussten, wurde sie wohl vielerorts durch die Einstellung von Rodsäumern ergänzt.

Über das Transportwesen hinaus wurde für den Alpentransit eine geeignete Infrastruktur benötigt. Im frühen Mittelalter dienten Klöster und geistliche Einrichtungen wie Hospize, die vor allem am Fuß von Passwegen gegründet wurden, der Versorgung von Alpenreisenden. Seit dem 11. Jahrhundert errichtete man Hospize dann auch direkt auf den wichtigsten, später auch auf kleineren Pässen. Das wohl berühmteste Hospiz war die von Bernhard von Aosta (gest. 1081) auf dem Großen St. Bernhard gegründete Einrichtung. Dank der Förderung von Mächtigen aus ganz Europa fielen dem von Augustinerkanonikern geleiteten Haus Besitzungen von England bis Sizilien zu. Die Haushaltsführung liefert einen guten Einblick ins Hospizleben und lässt einen großen Gastbetrieb erkennen: Man besorgte Thunfisch aus dem Süden, Hering aus dem Norden, Schlachtvieh aus der Bresse, Gewürze aus Genf ... Ranghohe Durchreisende wurden in der Rechnungslegung mit Namen vermerkt, wenn sie für das Hospiz zusätzlichen Aufwand bedeuteten: Der Bischof von Gent schlug mit vier Perlhühnern zu Buche; für den Herzog von Savoyen, den Landesherrn, kaufte man 1447 drei Dutzend neue Trinkgläser sowie Weihrauch zum Beduften der Räume. Die namenlosen Reisenden tauchen unter anderem dann in den Rechnungsbüchern auf, wenn sie auf dem Passweg starben; sie blieben nämlich in der Leichenkammer des Hospizes, bis man im Hochsommer, wenn der Boden aufgetaut war, eine Grube graben und sie bestatten konnte. Nichts verdeutlicht die Gefahren einer Alpenüberquerung so nüchtern wie dieser Zahlungseintrag für die Bestattungsarbeiten.

Seit dem 12./13. Jahrhundert reichten die karitativen Formen der Gastlichkeit, die Hospize boten, sowie die vereinzelt existierenden Tavernen nicht mehr aus. Vor allem entlang den Hauptverkehrsadern entstanden nun zahlreiche kommerzielle Gastbetriebe. Dass Rechnungsbücher erhalten sind, wie die eines Gastwirts namens Hans von Herblingen für die Jahre 1398 bis 1415, der in Thun an den Zugangsrouten zu den Alpenpässen seine Gäste empfing, bleibt leider ein Einzelfall. Dieser erfolgreiche Wirt machte sein Gasthaus zu einer Drehscheibe des Handelsverkehrs und beteiligte sich als Zwischenhändler an den durchfließenden Warenströmen. Sein wirtschaftlicher Erfolg beruhte wie der anderer Wirte auf einer großen Zahl nebeneinanderlaufender Geschäftszweige: So begegnet er uns als Weinhändler, Betreiber einer Pachtmühle, Investor in die Viehzucht, Badstubenbesitzer sowie als Immobilienhändler und Politiker. Er handelte wohl frei nach dem in einem seiner Rechnungsbücher vermerkten Spruch: „wer well, das im wol geling, der luog selber zuo sinen ding."

Die Transportmittel und der Erfahrungsschatz der Alpenbewohner blieben bis zur Zeit der Schienenstränge, Tunnel und Fahrstraßen im 19. Jahrhundert die Voraussetzung für einen leistungsfähigen transalpinen Fernverkehr. Die Säumer, Ballenführer und Fuhrleute des Alpenraums wiederum profitierten von den Zusatzeinnahmen, die ihnen die fremden Händler bescherten. Und manchmal bekundeten sie sogar Interesse an den Nachrichten und Ideen, die mit den Kaufleuten und Warenströmen über die Alpen wanderten; viele Einflüsse von außen stießen aber auch auf offene Ablehnung, wohl vor allem die nicht-wirtschaftlichen.

Lic. phil. Marie-Claude Schöpfer Pfaffen
geb. 1977, ist wissenschaftliche Mitarbeiterin am Forschungsinstitut zur Geschichte des Alpenraums in Brig (Schweiz) und arbeitet an einem Dissertationsprojekt zur mittelalterlichen Verkehrspolitik im schweizerischen Alpenraum.

Die Hanse – eine Interessengemeinschaft von Fernhändlern

Handelsmacht im Norden Europas

Robert Bohn

Der Zusammenschluss rheinisch-westfälischer bzw. niederdeutscher Fernhandelskaufleute, später von Städten, in denen sie die Ratsherrschaft innehatten, wirkte vom 12. bis zum 17. Jahrhundert. Sein Einflussgebiet erstreckte sich von der Zuidersee und England im Westen bis Nowgorod im Osten, von Bergen und Stockholm im Norden bis Köln und Erfurt im Süden. Die Handelsbeziehungen einzelner Kaufleute reichten aber weit darüber hinaus – bis nach Südwesteuropa und ins Innere Russlands.

Koggen im Hafen einer skandinavischen Hansestadt (Holzschnitt, 15. Jahrhundert).

Die Hanse-Forscher sind sich darin einig, dass es nicht den *einen* Anfang der Hanse gab. Bereits im 11. Jahrhundert entstanden in verschiedenen Handelsorten im Nordwesten des Reiches Zusammenschlüsse von Fernkaufleuten, die den Zweck verfolgten, sich bei Handelsfahrten in fremde Städte und Länder gegenseitig Schutz zu bieten. Das war erforderlich, weil das Reisen zu Lande wie zur See über die naturbedingten Unwägbarkeiten hinaus Gefahren durch Räuber, Piraten oder wegelagernde Konkurrenten ausgesetzt war. Kaiserliches Friedegebot und Landfriedensgesetzgebung boten nicht immer den verbrieften Schutz. Nicht nur, weil es an kaiserlichen oder fürstlichen Vollstreckungsorganen fehlte, sondern auch, weil sich – bezogen auf die Landwege – vor allem Raubritter im Besitz eines Rechtstitels glaubten, der ihnen solches Treiben erlaubte. Auf dem Meer war die Piraterie eine ständige Gefahr.

Auch im Gastland fehlte dem Kaufmann damals staatlicher Rechtsschutz fast gänzlich. Er war also für den Schutz seiner Handelsgüter – und seines Lebens – auf die eigene Kraft und Geschicklichkeit angewiesen. Eine Erhöhung der Sicherheit suchte und fand er im genossenschaftlichen Zusammenschluss. Bezogen auf den Fernhandel in Nordwesteuropa, der in erster Linie Seehandel war, war die früheste und einfachste Form eines solchen Zusammenschlusses die gemeinsame Ausrüstung und Befrachtung sowie der gemeinsame Betrieb eines Schiffes. Der Besitzer des Schiffes diente als dessen Steuermann; mit den mitreisenden Kaufleuten bildete er eine Fahrtgemeinschaft, die durch einen gemeinsamen Schwur bekräftigt wurde.

Die Kaufleute waren nicht nur Befrachter, sondern auch durch seemännische Tätigkeiten am Betrieb des Schiffes beteiligt. Die Schwurgemeinschaft besaß zunächst nur für eine Fahrt Gültigkeit. So lässt sich die Bedeutung des Namens Hanse oder Hansa umschreiben als „Gemeinschaft oder Vereinigung von Kaufleuten im Ausland zu gemeinsamer Vertretung von Handelsbelangen und zum gegenseitigen Schutz". Den Namen Hanse führten die genossenschaftlichen Zusammenschlüsse indes anfangs noch nicht. Diese Selbstbezeichnung tauchte erst seit dem Ende des 13. Jahrhunderts auf; in einem Dokument von 1282 ist beispielsweise von den

Die byzantinischen und islamischen Münzen wurden auf Gotland in einem Wikingergrab des 11. Jahrhunderts gefunden.

„mercatores de Hansa Alemannie in civitate Londoniensi" (den Kaufleuten der deutschen Hanse in der Stadt London) die Rede.

Aus der regelmäßigen Fahrt von und nach bestimmten Orten ergab sich nach einiger Zeit der Zusammenschluss mehrerer Kauffahrteischiffe zu kleinen Handelsflotten, die gewöhnlich im Frühjahr ausfuhren und im Herbst zurückkehrten. Aus diesen regelmäßigen alljährlichen Handelsfahrten entwickelten sich beständigere kaufmännische Zusammenschlüsse, die später als Gilden bezeichnet wurden. Diese erwarben am fremden Marktort Handelsvergünstigungen oder Privilegien, legten gemeinsam genutzte Wohn- und Speichergebäude an und bildeten religiöse Gemeinschaften mit einer Kaufmannskirche als Mittelpunkt. In einschlägigen Urkunden findet man für sie im Gastland Bezeichnungen wie *homines imperatoris* (Männer des Kaisers), *mercatores imperii* bzw. *imperatoris* (Kaufleute des Kaiserreichs bzw. des Kaisers) oder auch *universitas mercatorum* (Gemeinschaft der Kaufleute).

Die frühesten urkundlich belegten Zusammenschlüsse dieser Art waren die von Kaufleuten aus Köln, die nach England reisten und dort hauptsächlich Rheinwein und Metallerzeugnisse gegen englische Wolle eintauschten. Sie erhielten 1157 vom englischen König Heinrich II. einen Schutzbrief, in dem auch ihr Londoner Handelshof, die „Gildehalle", erwähnt wird. Zu dieser Zeit hatte der von den Städten im niederrheinisch-westfälischen Raum ausgehende Fernhandel die größte Expansionskraft: Köln, Brügge, Dortmund und Soest waren zu bedeutenden Wirtschaftszentren herangewachsen, wozu eine tatkräftige Schicht von Fernhändlern nicht unwesentlich beigetragen hatte. Neben England waren Norwegen und Dänemark Ziel ihrer Handelsaktivität.

Der Ostseeraum – heidnische Terra incognita

Zu der Zeit, als sich im Westen die frühhansischen Handelsnetze entfalteten, kam im Ostseeraum jene historische Entwicklung in Gang, ohne die das, was später Hanse genannt wurde, niemals entstanden wäre. Deren Anfänge in der Ostsee, dem „Meer der Hanse", stehen in engem Zusammenhang mit der Neugründung Lübecks 1143 durch den Grafen Adolf II. von Schauenburg. Dessen Vater Adolf I. war 1111 vom sächsischen Herzog mit den Grafschaften Holstein und Stormarn belehnt worden mit dem Auftrag, die Grenze des Reiches im Norden gegenüber Dänen und Slawen zu stabilisieren. Nach der Eroberung des überwiegend von westslawischen Abodriten besiedelten Ostholstein legte Adolf II. den bereits von den Slawen genutzten Fernhandelsplatz am Zusammenfluss von Trave und Wakenitz mit Hilfe von Kolonisten und Kaufleuten aus Westfalen und vom Niederrhein neu an. Das rasche Aufblühen dieses Orts weckte bald die Begehrlichkeit des sächsischen Herzogs Heinrich, genannt der Löwe, der seinen Vasallen Adolf 1158/59 zwang, die Stadt an ihn abzutreten. Unter dem mächtigen neuen Stadtherrn begann die Erfolgsgeschichte Lübecks als künftige Handelsmetropole des Ostseeraums.

Das römisch-deutsche Reich hatte bis dahin keinen Anteil an der Ostseeküste gehabt, ja, der gesamte Ostseeraum war für das christliche Abendland noch weitgehend heidnische Terra incognita. Nur bei den Dänen und Schweden hatte der christliche Glaube zwei Generationen zuvor Fuß fassen können. Und am östlichen Ende der Ostsee tastete sich das orthodoxe Christentum vor. Ganz Finnland aber und die südöstliche Küste waren noch in der zweiten Hälfte des 12. Jahrhunderts von nichtchristlichen Völkerschaften bewohnt.

Der Handel lag seit der Wikingerzeit in den Händen der Skandinavier, daneben beteiligten sich an ihm Friesen und – im östlichen Ostseeraum – russische Kaufleute aus Nowgorod. Die Drehscheibe dieses Handels war bis zur Weiterentwicklung der Schiffahrtstechnik im 13./14. Jahrhundert die Insel Gotland. Die Gotländer hatten bis zum Auftreten der deutschen Kaufleute wesentlichen Anteil daran, dass der Ostsee für den Austausch von Gütern und Kulturimpulsen eine an das Mittelmeer erinnernde Funktion zukam. Sie verhandelten die auf den Flusswegen Osteuropas nach Norden gelangten Waren des Orients nach Westen weiter, ebenso Westprodukte nach Osten.

In Ermangelung einschlägiger Quellen weiß man über den Handel der Gotländer im Detail recht wenig. Aus einigen wenigen Schriftquellen geht immerhin hervor, dass sie im frühen 12. Jahrhundert Handelskontakte bis nach Flandern und England besaßen. Einen wichtigen Hinweis auf die überragende Bedeutung der Insel als Handelsdrehscheibe liefern die zahlreichen Münzfunde, die man auf Gotland gemacht hat (und immer noch macht). Unter den mehreren zehntausend Münzen stammen die meisten Prägungen aus dem Reich und aus dem arabischen Raum. Auch viele englische Münzen hat man gefunden. Sie alle zeugen vom vorhansischen Warenaustausch zwischen Ost- und Nordseeraum. Feste, regelmäßige Handelsverbindungen waren das aber noch nicht.

Ein verkehrstechnisches Problem des nordeuropäischen Ost-West-Handels war von alters her die Umschiffung der jütischen Halbinsel. Um die gefahrenreiche und lange Fahrt um Skagen zu vermeiden, hatte sich in der Wikingerzeit, in der dieser Handel in Schwung gekommen war, der Umschlag auf dem Eider-Treene-Schlei-Weg entwickelt; Ostseehafen war Haithabu/Schleswig. Man weiß, dass hier auch damals schon Kaufleute aus Westfalen tätig waren; in Soest etwa gab es eine Schleswigfahrer-Genossenschaft. Sie waren aber kaum über Schleswig hinaus aktiv, und wenn, dann nur auf Schiffen der Skandinavier. Immerhin aber scheinen sie mit den Möglichkeiten des Ost-West-Handels vertraut geworden zu sein, so dass sie nach 1159 die neuen Möglichkeiten wirtschaftlicher Expansion von Lübeck aus stark nutzten. Bis Ende des 12. Jahrhunderts konnten sich deutsche Kaufleute an den wichtigsten bereits existierenden Handelsplätzen des Ostseeraums etablieren: außer auf Gotland (Visby) auch in Schweden (Mälartal, Kalmar), an der Südküste Finnlands und in Estland (beim späteren Reval); spätestens 1200 waren sie auf den Heringsmärkten an der Südwestküste Schonens aktiv.

„Segelschiff, halb vor dem Winde segelnd" lautet der Titel des Holzschnitts aus Bernhard Breydenbachs „Peregrinationes" (Mainz 1486); zu sehen ist eine späte Hansekogge.

Das „Haupt der Hanse" und die Gotlandfahrer-Genossenschaft

Ernsthaft begannen deutsche Kaufleute im russisch-baltischen Handel erst nach der Neugründung Lübecks mit Gotländern und anderen zu konkurrieren. Die Deutschen waren kapitalstärker, auf den Absatz- und Produktionsmärkten im Westen etabliert und verfügten mit der Kogge (ursprünglich: dem Koggen) über einen Schiffstyp, der größer und tragfähiger war als die aus dem Wikingerschiff hervorgegangene Knarr der Nordleute. Allerdings besaßen sie nur rudimentäre Kenntnisse über die skandinavisch-baltischen Fahrwasser und waren in Russland auch handelspolitisch im Hintertreffen. Um diesem Manko abzuhelfen, wandten sie sich an die Gotlän-

Schon früh konnten sich deutsche Kaufleute in Visby auf Gotland festsetzen. Der kolorierte Stich von Joris Hoefnagel vermittelt einen Eindruck der Stadt im 16. Jahrhundert.

der. Diesen hatte ein Privileg Kaiser Lothars von 1134 im Reich weitgehende Handelsrechte zugestanden. Als nun die deutschen Kaufleute Zugang zur Ostsee erlangt hatten, versuchten sie, ebensolche Rechte auf Gotland zu erhalten. Um 1160 gab es wohl schon eine größere Gruppe deutscher Kaufleute, die in Visby weilten oder die Stadt aufsuchten; die dadurch entstandene Konkurrenzsituation hatte in den vorangegangenen Jahren zu schweren, auch blutigen Auseinandersetzungen geführt.

Dies bot Heinrich dem Löwen Anlass, schlichtend einzugreifen, um einen „beständigen Frieden" zu erreichen. In einem 1161 in Artlenburg an der Elbe ausgestellten Privileg regelte er den Handelsverkehr der Gotländer im Herzogtum Sachsen. Darin räumte er den gotländischen Kaufleuten die gleichen Rechte ein, die die deutschen Kaufleute genossen, knüpfte dies jedoch an die Bedingung, dass die deutschen Kaufleute auf Gotland ebenfalls frei handeln durften. So wuchs die Zahl deutscher, vor allem lübischer Kaufleute, die sich am Ostseehandel beteiligten.

Es sollte nicht lange dauern, bis die von Lübecker und westfälischen Kaufleuten gegründete Genossenschaft den Handel von der Trave bis Nowgorod beherrschte. Die Gotlandfahrt stand also am Anfang hansischer Handelsaktivität im Ostseeraum. Wegen der spärlichen Quellenlage ist die Organisationsform der frühen deutschen Gotlandfahrer aber nur schwer bestimmbar. Die Bezeichnung *universitas* oder *universi mercatores* usw. taucht in rechtlich präziser Form erst relativ spät auf. Die urkundlich früheste Erwähnung einer „universi mercatores Romani imperii Gotlandiam frequentantium" (einer Gemeinschaft von Kaufleuten des Römischen Reiches, die Gotland aufsuchen) stammt aus dem Jahr 1252, als dieser Gruppe in Flandern Handelsvergünstigungen und vor allem Rechtssicherheit gewährt wurden. Es ist jedoch anzunehmen, dass die Gemeinschaft von Kaufleuten, die zwei bis drei Generationen zuvor nach Gotland fuhr, sich davon nicht wesentlich unterschied.

Der „Livländischen Chronik" des Heinrich von Lettland zufolge war Visby für die deutschen Kaufleute spätestens zu Beginn des 13. Jahrhunderts der bedeutendste Umschlagplatz für baltisch-russische und westeuropäische Waren; nicht wenige hatten sich dort dauerhaft niedergelassen und bildeten eine eigenständige Stadtgemeinde. Seit der Mitte des 13. Jahrhunderts wurde Visby dann für deutsche Kaufleute nicht nur zum Ziel-, sondern immer mehr

BIA
GOTHORVM
KLINTEN
OCCIDENS
Y. Oenopolium publicum.
Z. Porta piscatoria maior.
α. Porta naualis.
β. Portus vetus.
γ. Portus nouus.
δ. Statio naualis.
ε. Propugnaculum ligneum
ζ. Platea marina.
η. Templum D. Joh
θ. Templum D. Petr
VISSBORG.
κ. Acropolis reg
λ. Turris Blacè
μ. Porta Australi
ν. Horrea regia.
ξ. Templum D. Michaëlis.
ο. Porta Orientalis.
π. Cliuus seu monticulus vrbi imminens.
WISBV Gotlandiæ metropolis, antiquitus amplissima negociatione celebris, et nauigantium schola. hic enim leges suas capiebant nautæ. Hoc tempore residet hic Gubernator Regis Daniæ. Prope hanc ciuitatem, prout etiã in varijs huius insulæ locis, maxima reperiuntur saxa, Aegyptiorum pyramidib9 similia, Gigantum olim sepulcra, in quibus videre est epitaphia literis Gothicis scripta, quæ nunc à paucis intelliguntur. Vrbs hæc post Winetam inundationib9 deletam, viribus et opibus valde excreuit. tum enim Sueones nauigijs eò venientes, quicquid ex operosissimis structuris marmoreis, æreis, stanneis, auro et argento, ex aquis saluari poterat, hæc transportarunt. Plateæ publicę olim continua crepidine obductæ, merces pariter ac mercatores ipsos à tempestatib9 tutabantur. tandem vrbs hæc suo robore

Van schiprechte,

Die Miniatur aus der Bilderhandschrift des Hamburger Stadtrechts von 1497 thematisiert das „Schiffsrecht im Hafen zu Hamburg".

zum Durchgangshafen. Denn sie hatten – auch mit Hilfe gotländischer Kaufleute – auf den baltischen Märkten und in Nowgorod (wo ihnen 1201 ein allgemeiner Friede gewährt wurde) Fuß fassen können. Sie errichteten dort einen eigenen Handelshof, den Peterhof, der erstmals 1259 urkundlich erwähnt wird. Der Russlandhandel blühte, und der Genossenschaft der Gotlandfahrer und den deutschen Kaufleuten, die sich in Visby niedergelassen hatten, fiel dabei die führende Rolle zu.

Expansion in den Ostseeraum

Das Ausgreifen deutscher Kaufleute in den Ostseeraum ging einher mit zwei anderen bedeutenden Ereignissen: der sogenannten deutschen Ostkolonisation und den Kreuzzügen im südlichen und östlichen Ostseeraum. Hierbei etablierten sich in den ersten Jahren des 13. Jahrhunderts der Schwertbrüderorden in Livland (Gründung Rigas 1201, Revals 1230) und der Deutsche Orden im Pruzzenland (Preußen, 1225). Die Entwicklung der Kaufmannshanse ist damit untrennbar verbunden. Niederdeutsche Kaufleute waren sowohl Finanziers der Kreuzfahrer als auch Nutznießer ihrer Eroberungen.

Mit der Gründung neuer Städte und dem raschen Zuzug von Siedlern vor allem aus den Ballungszentren Westfalen und Niederrhein wurden die Voraussetzungen für die Urbanisierung des südöstlichen Ostseeraums geschaffen – und zugleich für die Festigung und Dominanz der hansischen Handelsstrukturen. Die neuen Städte wurden oft in der Nähe früherer, verkehrsgünstig gelegener slawischer, preußischer und baltischer Orte angelegt und schnell zu Zentren für den Regional- und Fernhandel. Dass das dänische Königreich zu dieser Zeit im Ostseeraum seine größte Machtentfaltung erlangte und bis Estland reichte, begünstigte diese Entwicklung. Auch wenn die dänische Herrschaft in der Mitte des 13. Jahrhunderts wieder zerfiel, hatten sich die deutschen Kaufleute während der Pax Danica etablieren können – zumal mit dem Deutschen Orden in Preußen und im Baltikum ein neuer, mächtiger Schutzherr vorhanden war. Hauptausfuhrprodukt nach Nord- und Nordwesteuropa wurde Getreide. Riga und Danzig, beide im Ordensland gelegen, entwickelten sich zu den bedeutendsten Hansestädten in der südöstlichen Ostsee.

Die Hanse als Ordnungsmacht

In der zweiten Hälfte des 13. Jahrhunderts zeigte sich immer deutlicher, dass genossenschaftliche Zusammenschlüsse von Kaufleuten allein nicht in der Lage waren, die kaufmännischen Interessen im In- und Ausland auf Dauer wirksam wahrzunehmen. Die Kaisermacht, die sich in den Kampf um die Behauptung ihrer Herrschaftsansprüche über Italien verstrickt hatte, verlor in Norddeutschland stetig an Gewicht und Einfluss. Die Fernkaufleute, die als *mercatores imperii* traditionell unter kaiserlichem Schutz standen, mussten sich anders sichern. Die Erkenntnis, dass nicht nur die Kaufmannsgenossenschaften, sondern auch einzelne Städte kaum noch in der Lage waren, ihren fernhandeltreibenden Kaufleuten den nötigen Schutz zu bieten, führte zur Bildung von Städtebünden.

Damit wandelte sich die frühe Hanse, die Kaufmannshanse, zur Städtehanse: Einzelne Städte bildeten Schutzbündnisse, denen sich immer mehr Städte anschlossen. Den Anfang machten 1241 Lübeck und Hamburg mit dem Ziel, die Handelsstraße zwischen den beiden Städten vor Räubern zu sichern; darüber hinaus vereinheitlichte man das Handelsrecht und die Münze. Aus diesen Anfängen ging zehn Jahre später durch Anschluss Lüneburgs sowie der mecklenburgischen und pommerschen Hansestädte der Städtebund der Wendischen Hanse hervor, der auch einen gemeinsamen Münzverein bildete. Ähnlich schlossen sich die Hansestädte im rheinisch-westfälischen Quartier sowie die preußischen und livländischen zu regionalen Bünden zusammen. 1280 schloss Visby mit Lübeck ein Bündnis, das den Seeverkehr zwischen Nowgorod und dem Öresund schützen sollte. Alle zusammen bildeten sie die *Stede van der Dudeschen Hanse*.

Zur selben Zeit führte die Herausbildung neuer Handelsmethoden zu einer strukturellen Veränderung im hansischen Wirtschaftsverband. Hatte der Kaufmann seine Waren früher selbst auf die auswärtigen Märkte begleitet und vor Ort die Verhandlungen geführt, so war er jetzt bestrebt, seine Geschäfte per Korrespondenz und Buchführung vom Heimatort aus abzuwickeln und sie über Kaufgesellen oder Faktoren bzw. Berufskollegen im anderen Ort zu lenken. Möglich wurde dies, weil sich das

Eine zentrale Rolle im Hansehandel spielte die Hafenstadt Lübeck (hier eine Ansicht von 1572).

Schreibvermögen allgemein verbreitert hatte – aber auch und vor allem durch die kaufmännische Buchführung, die ihre Ursprünge in den oberitalienischen Handelsmetropolen hatte. Kredit- und Wechselgeschäfte wurden nun üblich. Es entstanden Handelsgesellschaften, die Kaufleute einer Stadt oder Geschäftsfreunde in verschiedenen Städten vereinten. Erst durch diese Neuerungen war der Fernkaufmann in der Lage, ein so weiträumiges Wirtschaftsgebiet zu überblicken und sich über Angebot und Nachfrage auf den verschiedenen Märkten zu unterrichten bzw. unterrichten zu lassen.

Die Hanse als Rechts- und Privilegiengemeinschaft

Mit Lübeck setzte sich im Norden des Reiches ein neuer Stadtbegriff durch. Er verstand die Stadt nicht nur als Ort des Handels und der handwerklichen Produktion, sondern auch als Rechtsgemeinschaft, deren Legitimation auf der einigenden Kraft des von Stadtbürgern geschworenen Eides beruhte. Die Bürger verschafften sich die Handlungsfreiheit, ihre ureigensten Belange in dem von ihnen entwickelten neuen Rechtssystem nach innen und nach außen selbst zu entscheiden. Seit 1201 ist die Ratsverfassung belegt, und seitdem haben sich die Bürger offenbar nicht mehr durch einen stadtherrlichen Vogt lenken lassen. Die Lübecker ließen sich diese Rechte 1226 von Kaiser Friedrich II. bestätigen; zudem wurde ihnen urkundlich die Reichsunmittelbarkeit zugesichert: dass sie und ihre Stadt immer frei sein, stets zum Reich gehören und keinem Herrn als dem Kaiser selbst unterworfen sein sollten.

Das in Lübeck weiterentwickelte Stadtrecht hatten Soester Kaufleute mitgebracht, die an der Gründung Lübecks maßgeblich beteiligt waren. Man passte es den neuen Bedingungen an, vor allem kamen den Seehandel und die Seefahrt betreffende Bestimmungen hinzu. 120 Paragraphen regelten sowohl die innere Ordnung als auch den Ablauf von Handel, Seefahrt und Wandel. Von besonderer Tragweite sollte sein, dass das Recht von einer Ratsversammlung, die sich aus den eigenen Reihen ergänzte, beaufsichtigt, interpretiert und gegebenenfalls weiterentwickelt wurde. Der Kaufmannsmentalität entsprechend rechnete man Rechtsbrüche in Geldäquivalente um; so wurde nun auch soziales und politisches Verhalten „berechenbar" gemacht – es wurde einerseits verlässlicher, andererseits drohte bei Fehlverhalten eine Geldstrafe. Dieses Lübische Recht strahlte in den ganzen Ostseeraum aus und wurde dort von jeder neugegründeten Stadt übernommen. Der Lübecker Rat behielt die Oberappellation: Er fällte den Schiedsspruch, wenn ein Rechtsverfahren in einer anderen Hansestadt nicht zweifelsfrei entschieden werden konnte. Man nannte dies den Rechtszug nach Lübeck.

Insofern war die Hanse nicht nur eine Wirtschaftsgemeinschaft, sondern auch eine auf die Organisation von Handel und Seefahrt bezogene Rechtsgemeinschaft. Sie war jedoch kein Bündnis mit einem Bündnisvertrag, sie hatte keine Satzung und kannte auch keine allgemeinverbindliche programmatische Festlegung wirtschaftspolitischer Ziele. Auch Exekutivorgane besaß sie nicht. Es ist deshalb schwierig, ihre Rechtsnatur mit neuzeitlichen staatsrechtlichen Begriffen zu beschreiben. In diesem Sinn hat ihr der bedeutende Hanse-Forscher Ahasver von Brandt etwas „Nebelhaftes" attestiert und die Hanse als eine Interessengemeinschaft bezeichnet, die „nur insoweit existierte und im Einzelfall handlungsfähig war, als sich die Interessen der Einzelstädte oder einzelner Bürgerschaften tatsächlich deckten".

Zur Feststellung der gemeinsamen Interessen dienten seit der Mitte des 13. Jahrhunderts die Tagfahrten (Fahrten, um zu tagen). Dies waren unregelmäßige Zusammenkünfte von Abgesandten (Ratssendeboten) der einzelnen Städte, die in einer der Hansestädte stattfanden – meist in Lübeck, dem *caput et principium omnium* (Haupt und Ursprung aller), wie es in einem Dokument von 1294 heißt. Der Bedeutungsgewinn Lübecks lässt sich auch daran ermessen, dass sogar die flandrischen und holländischen Städte diese Stellung anerkannten.

Zu einer Tagfahrt konnte aber jede Stadt einladen, wenn ein übergreifendes Interesse vorlag. Die auf den Zusammenkünften gefassten Beschlüsse sollten idealerweise für alle Städte verbindlich sein, doch hing die Umsetzung letztlich von den Interessen der einzelnen Stadt ab. An den frühen Tagfahrten nahmen nicht alle Städte teil. Die erste Tagfahrt mit gesamthansischer Beteiligung (Hansetag) fand 1356 statt, als es um einen Handelskonflikt in Flandern und die Probleme des Hansekontors in Brügge ging. Die Behandlung dieses Konflikts zeigt, worum es der Hanse als Bund im Kern immer wieder ging: um die Aufrechterhaltung oder die Erringung von Handelsprivilegien im Ausland und darum, ihren Mitgliedern die ungestörte Nutzung dieser Privile-

gien zu sichern. So behandelten die auf den Hansetagen gefassten Beschlüsse („Rezesse") in schöner Regelmäßigkeit Probleme und Konflikte auf den wichtigen Märkten außerhalb des Reiches: in Skandinavien, Russland, England oder Flandern. Auch die Bekämpfung der Seeräuberei war ein wiederkehrendes Thema.

Wer aber gehörte zur Hanse und durfte an den Handelsprivilegien teilhaben? Ein vollständiges Mitgliederverzeichnis gab es nicht. Zum „harten Kern" zählten rund 50 vorwiegend westfälisch-niederdeutsche Städte sowie Visby und die Gründungen an der südlichen und baltischen Ostseeküste. Weitere etwa 100 meist kleinere und eher unbedeutende Städte gehörten in lockerer Bindung dazu. Das einzige nicht-städtische Mitglied war der Deutschordensstaat. Bis etwa zur Mitte des 14. Jahrhunderts wuchsen die Städte gewissermaßen in die Hanse hinein, weil ihre Fernhändler an den Privilegien in den Gastländern partizipierten. Später konnten Städte für ihre Fernhändler die Aufnahme beantragen; darüber wurde auf den Hansetagen entschieden. Man konnte aber auch aus der Hanse ausgeschlossen werden, wenn man allzu eigennützig gegen die auf einem Hansetag gefassten Beschlüsse verstieß. Bremen zum Beispiel wurde dreimal aus der Hanse ausgeschlossen (und dreimal wieder aufgenommen).

Den regionalen Besonderheiten trug die Hanse, nachdem sie im 15. Jahrhundert ihre vollkommene Ausbildung erfahren hatte, insofern Rechnung, als sie sich organisatorisch aufteilte: in ein wendisch-lübisches Viertel mit Lübeck als Vorort, in ein sächsisches mit Braunschweig, ein rheinisch-westfälisches mit Köln und ein livländisch-preußisches Viertel mit Danzig als Vorort. Neben Gesamthansetagen, die weiterhin abgehalten wurden, führten die einzelnen Viertel besondere Regionaltage durch.

Aus Russland importierten Hansekaufleute unter anderem Pelze. Der Holzstich illustriert die Jagd auf Hermeline (aus der „Historia de Gentibus Septentrionalibus" von Olaus Magnus, 1555).

Die Kontore und ihre Handelswaren

Die wichtigsten Außenposten der Hanse waren die Kontore, ja, die hansische Gemeinschaft konstituierte sich recht eigentlich durch die Teilhabe am Handel und an den Privilegien der einzelnen Kontore. Die vier Kontore Brügge, London, Bergen und Nowgorod markieren in etwa die Grenzen des eigentlichen hansischen Handelsbereichs. Innerhalb dieses Bereichs konnten die Hanse-Kaufleute ihre Privilegien im Lauf des 13. und 14. Jahrhunderts stetig ausweiten, so dass sie nicht-hansische Handelskonkurrenz weitgehend ausschalteten. Selbst Königreiche mussten sich der norddeutschen Städtegemeinschaft beugen, wenn sie gegen deren Interessen agierten, so etwa in den 1360er Jahren der mächtige König Waldemar IV. von Dänemark, der in einem Krieg gegen die Hanse zur Aufgabe seiner Ambitionen gezwungen wurde. Im Friedensschluss von Stralsund sicherten sich die Hansestädte 1370 nicht nur weitere Handelsprivilegien in Dänemark, sondern sogar ein Mitspracherecht bei der Wahl des Thronfolgers. Damit war der Höhepunkt der hansischen Macht im Ostseeraum erreicht, eine Machtstellung, die bis in den Beginn des 15. Jahrhunderts anhalten sollte. Sie wurde unter anderem dadurch unter Beweis gestellt, dass die Hanse die stark angewachsene Seeräuberei um den legendenumwobenen Klaus Störtebeker kraftvoll bekämpfte.

Außer über militärische Mittel, deren Anwendung für die Kaufleute nur die Ultima Ratio darstellte, verfügte die Hanse lange Zeit über ein weitaus effektiveres und kostengünstigeres Instrument zur Durchsetzung ihrer Interessen im Konfliktfall: die Handelssperre. Immer wieder wurde sie eingesetzt, was vor allem die Kontore zu spüren bekamen. So wurde beispielsweise schon in den 1190er Jahren der Handel in Nowgorod so lange blockiert, bis die Stadt auf die Forderungen der Hanse-Kaufleute einging.

Nowgorod, verkehrsgünstig am Fluss Wolchow gelegen, über den man die Finnische Bucht erreichte, war nach dem Zerfall des Kiewer Großreichs zum Zentrum eines riesigen Herrschaftsgebiets geworden (das Fürstentum Nowgorod war eigentlich eine Adelsrepublik, in der die mächtigen Bojaren den Ton angaben). In der Stadt Nowgorod konzentrierte sich die ökonomische Kraft Nordwestrusslands. Hier waren die schönsten Felle und Pelze zu haben, die im Westen so begehrt waren, aber auch das für den Schiffbau wichtige Pech und Holzteer, Bienenwachs, mit dem sich in ausreichenden Mengen Kerzen herstellen ließen, und Honig, im Mittelalter der einzige Süßstoff. In Westeuropa erzielten die Waren aus Russland hohe Gewinne. Nach Nowgorod brachten die Hanse-Kaufleute die Fertigwaren des Westens, insbesondere Metallerzeugnisse und flandrische Tuche, dazu all die hochwertigen Produkte, die von Spaniern und Italienern auf dem Seeweg nach Brügge gebracht und dort von Hanse-Kaufleuten übernommen wurden. In Nowgorod wie im gesamten hansischen Handelsraum begehrt waren auch französische und Rheinweine.

Die Märkte in Flandern – an erster Stelle Brügge – waren die großen Tauschplätze für die Waren aus Ost und West, Nord und Süd. Dorthin führten die Handelswege aus Italien, Spanien und dem Westen Deutschlands, und von dort gingen die Waren per Schiff in den Ostseeraum. Die Hansekoggen vermieden dabei gewöhnlich die Fahrt durchs Skagerrak. Sie segelten nach Hamburg, von wo die Waren über Land nach Lübeck transportiert wurden; dort verschiffte man sie weiter in den Ostseeraum. In Brügge bekam man alles, was das Abendland an Waren und Rohstoffen kannte. Vor allem war es *die* Tuchmacherstadt des Mittelalters, in der die aus England importierte Wolle – einer der wichtigsten Rohstoffe überhaupt – zu einem hochwertigen und überall begehrten Produkt verarbeitet wurde. Sowohl beim Import der englischen Wolle als auch beim Weiterverkauf der Tuche in den Ostseeraum nahmen Hanse-Kaufleute eine Schlüsselstellung ein. Um diese Quasi-Monopolstellung aufrechtzuerhalten, setzte die Hanse alle ihr zur Verfügung stehenden Machtmittel ein – was immer wieder zu Konflikten mit Konkurrenten führte. Dennoch erreichte ihr Kontor in Brügge nie dieselbe Sonderstellung wie die drei anderen Kontore.

Den Handelsposten in Bergen beherrschten die Hanse-Kaufleute dagegen voll und ganz (ebenso wie denjenigen in Nowgorod). Ihre Bedeutung erhielt die Hafenstadt an der norwegischen Westküste durch den Handel mit Stockfisch (luftgetrocknetem Kabeljau), den die norwegischen Fischer nur hier an ausländische Händler verkaufen durften. Der Einzugsbereich reichte bis hinauf zu den reichen Fischgründen der Lofoten. Indem sie den norwegischen Fischern Kredite gewährten (sowohl Waren als auch Geld), schufen die Hanse-Kaufleute ein festes Abhängigkeitsverhältnis. Jahrelang mussten die Fischer ihren Stockfisch und andere Fischereiprodukte an den jeweiligen Kreditgeber verkaufen – zu den von diesem festgesetzten Preisen.

Ein weiteres wichtiges Handelsgut: Fische, die man oft durch Pökeln haltbar machte (aus der „Historia" von Olaus Magnus, 1555).

Nicht nur die Fischer, sondern die gesamte norwegische Bevölkerung deckte ihren Lebensbedarf zu einem großen Teil durch Warenlieferungen der Hanse-Kaufleute. An erster Stelle stand Getreide bzw. Mehl, denn die norwegische Landwirtschaft konnte den heimischen Bedarf zu keiner Zeit sichern. Das lag zum großen Teil an den naturgegebenen Bedingungen des Landes, aber auch daran, dass sich Bauern dem lukrativeren Fischfang zuwandten. Weitere wichtige Importwaren waren Hopfen und Malz bzw. das fertige Produkt: Bier. Außerdem wurden Tuche eingeführt. Durch diese Abhängigkeit und die Ausschaltung der englischen Konkurrenz war die wirtschaftliche Stellung der Hanse-Kaufleute unantastbar. Umfangreiche Privilegien durch den norwegischen König sicherten diese Stellung immer wieder auch rechtlich ab. Am Ende des 13. Jahrhunderts war Norwegen von den Lebensmittellieferungen der Hansestädte so abhängig, dass diese durch einen Boykott, den sie 1284 auf einem Hansetag in Wismar beschlossen, den norwegischen König zu weiteren Privilegien zwingen konnten – und zwar zu so weitreichenden, dass die einheimischen Kaufleute im Außenhandel künftig keine Rolle mehr spielten.

Während dieser Handelssperre erlebte Norwegen eine schlimme Hungersnot, der unzählige Einwohner zum Opfer fielen. In keinem anderen Land hat die Hanse den Außenhandel so dominiert. Ihr Kontor in Bergen, Deutsche Brücke genannt, wuchs über die Jahre zu einer regelrechten Stadt in der Stadt. Zur Blütezeit im 14. und 15. Jahrhundert lebten hier rund 2000 Deutsche – Kaufleute sowie Handwerker. Das war etwa ein Drittel der gesamten Einwohnerschaft. Innerhalb der straff durchorganisierten Gemeinschaft des Kontors dominierten die zur Bergenfahrer-Genossenschaft zusammengeschlossenen Kaufleute aus Lübeck. Daneben spielten Rostocker und Bremer Kaufleute in Bergen eine bedeutende Rolle.

Waren der Ostseeraum und Norwegen eine von Lübeck dominierte Region, so stand im Englandhandel Köln an vorderster Stelle. Wenngleich niederdeutsche Kaufleute auch in ostenglischen Hafenstädten wie Colchester, Lynn oder Boston Handel treiben durften, entwickelte sich die von den Kölnern in London erworbene Gildehalle (nach 1474 nannte man sie Stalhof/Steelyard) zum Mittelpunkt des hansisch-englischen Warenaustauschs. Durch die Aufnahme von Kaufleuten aus anderen Hansestädten, vor allem der sogenannten Osterlinge (deutscher Kaufleute aus dem Ostseeraum), in diesen Handelshof bildete sich in einem nicht immer konfliktfreien Prozess bis 1282 das gesamthansische Kontor heraus; über dieses lief fast drei Jahrhunderte lang ein beträchtlicher Teil des englischen Außenhandels. Diese Stellung konnten die Hanse-Kaufleute – trotz gelegentlicher Rückschläge – nicht zuletzt dadurch bewahren, dass sie die englischen Könige in deren militärischen Konflikten immer wieder finanziell unterstützten. London war zu Beginn des 14. Jahrhunderts mit etwa 80000 Einwohnern nach Paris die zweitgrößte Stadt Nordwesteuropas und neben Brügge die bedeutendste Drehscheibe des westeuropäischen Seehandels.

Der Stalhof in London war die Handelsniederlassung der Hanse-Kaufleute. Die Ansicht, ein Kupferstich, stammt aus einem Stadtplan aus der Zeit um 1550.

Massen- und Luxusgüter im Hanse-Handel

Der hansische Handel war ganz überwiegend Seehandel, wobei die technische Entwicklung der Schifffahrt mit dem Fortschritt des Handels parallel ging und zu einem guten Teil dessen Voraussetzung war. Die zunächst einmastige robuste Kogge wurde in späterer Zeit zu einem Frachtschiff mit bis zu drei rahgetakelten Masten weiterentwickelt (dem Kraweel), das eine Ladefähigkeit von über 400 Tonnen besaß. Die Schiffsführer waren meist Mitbesitzer des von ihnen navigierten Schiffes und hatten in einer der Hansestädte Bürgerstatus, gehörten also neben den Kaufleuten zur obersten Gesellschaftsschicht.

Der vom hansischen Handel mit diesen Schiffen erfasste Raum umschloss im Spätmittelalter mehrere Wirtschaftszonen, die teilweise recht unterschiedlich strukturiert und ungleich entwickelt waren. Grundlegend war der Austausch zwischen dem rohstoff- und nahrungsmittelreichen Ostseeraum einerseits und dem in der gewerblichen Produktion wesentlich weiter entwickelten Westeuropa. Der hansische Handel war somit seinem Charakter nach vorwiegend Zwischenhandel. Doch ging er über die Mittlerfunktion zwischen Ost und West insofern hinaus, als auch die Erzeugnisse der hansestädtischen Exportgewerbe großen Anteil daran hatten. Dabei traten einzelne Hansestädte durch eine gewisse Spezialisierung hervor, auf die auch ein alter Reim anspielt: „Lübeck ein Kaufhaus – Köln ein Weinhaus – Braunschweig ein Zeughaus – Danzig ein Kornhaus – Hamburg ein Brauhaus – Rostock ein Malzhaus – Schonen ein Fischhaus – Lüneburg ein Salzhaus ..."

Trotz dieser lokalen Spezialisierung wird die außerordentliche Mannigfaltigkeit des Warensortiments im hansischen Handel immer wieder hervorgehoben. Die Palette reichte von Massengütern des alltäglichen Bedarfs für Ernährung und Kleidung bis zu hochwertigen Luxusgütern für eine begrenzte Käuferschicht, die vorwiegend dem Adel zuzurechnen ist. Über die Erschließung immer neuer Märkte und die Verdichtung des Austauschs wirkte sich der Fernhandel stimulierend auf Qualitätssteigerung und Kapazitätsausweitung der handwerklichen Produktion in den Hansestädten aus.

Die mit Abstand wichtigsten Artikel des hansischen Handels aber waren die Massengüter, an vorderster Stelle Fisch und Salz. Man kann mit Fug und Recht sagen, dass diese beiden Waren die norddeutschen, das heißt die sogenannten wendischen Hansestädte erst eigentlich reich machten – insbesondere Lübeck. Die über einen langen Zeitraum monopolartige Stellung Lübecks im Salzhandel im Ostseeraum kann gar nicht hoch genug eingeschätzt werden.

Am Anfang waren Salz und Hering – oder andersherum, wie man will. Einen Hinweis darauf, welche Bedeutung für die Hanse und vor allem Lübeck der Fischhandel in Schonen besaß, stellt die Tatsache dar, dass in Lübeck die Kaufmannsgenossenschaft der Schonenfahrer die älteste und angesehenste der Kaufmannsgenossenschaften war. Der Schonenhandel spielte sich vornehmlich auf einer Landzunge an der Südwestspitze des damals zu Dänemark gehörenden Schonen ab, dem sogenannten Ellenbogen.

Hier im Öresund fingen dänische Fischer vorwiegend von August bis Oktober den vorbeiziehenden Hering. Den zeitgenössischen Chronisten – sowohl Dänemarks Saxo Grammaticus als auch Lübecks Arnold – zufolge waren die Heringsschwärme hier so dicht, dass man die Fische mit bloßen Händen hätte fangen können. Der in riesigen Mengen auftretende Hering legte nicht nur einen bedeutenden Grundstock hansischen Reichtums, sondern auch Dänemark zog daraus reichlich Nutzen. Für Hering wie überhaupt für Fisch gab es im mittelalterlichen Europa einen riesigen Markt. Verantwortlich waren dafür zum einen die von der katholischen Kirche vorgegebenen Fastenregeln, zum anderen und vor allem aber der Umstand, dass Fisch für die breite Masse der Bevölkerung der einzige erschwingliche Proteinlieferant war. Beide Faktoren hielten die Nachfrage stets hoch.

Es bedurfte allerdings zweier Voraussetzungen, um die ungemein günstigen wirtschaftlichen Möglichkeiten des Fischhandels zu realisieren: erstens einer weitentwickelten Kaufmannschaft, die in der Lage war, die Verteilung an die kontinentalen Konsumenten in den erforderlichen Mengen zu organisieren (in Dänemark waren die Ortschaften aufgrund ihrer Nähe zum Meer größtenteils Selbstversorger); und zweitens einer politischen Macht, die diesen Vorgang unterstützte und förderte, weil sie daraus fiskalischen Vorteil zog. Ersteres bewerkstelligten die norddeutschen Kaufleute. Die Schutzmacht war der dänische König, der in Schonen für den Marktfrieden sorgte und den Hanse-Kaufleuten gegen verschiedene Abgaben umfangreiche Privilegien zugestand. Das Bestreben nach Aufrechterhaltung und Ausweitung dieser Privilegien zieht sich wie ein roter Faden durch die Hanse-Geschichte. Es war wiederholt Anlass zu kriegerischen Konflikten, auch mit Dänemark. Dabei ging die Hanse aber niemals so weit, die dänische Königsmacht so zu schwächen, dass sie ihre Schutz- und Ordnungsfunktion nicht mehr hätte erfüllen können.

Nichts geht ohne Salz

Für den weiten Transport mussten die Kaufleute den Fisch schnell konservieren. Dafür benötigte man Salz, riesige Mengen Salz: eine Tonne Salz für etwa vier Tonnen Hering (und ebenfalls eine Tonne Salz für zehn Tonnen Butter). Über Salz verfügten die Hanse-Kaufleute, vor allem die Lübecker. Die Zahlen bestätigen dies: Im 13. und 14. Jahrhundert ging ein Drittel bis die Hälfte der Lübecker Salzausfuhren allein nach Schonen. Um 1400, als der schonische Heringshandel seinen Höhepunkt erreichte, wurden hier ungefähr 200 000 bis 300 000 Tonnen Hering pro Jahr umgesetzt. Etwa ein Drittel davon ging nach Lübeck.

Salz diente nicht nur der Frischfischkonservierung oder als Gewürz, es wurde auch zu gewerblichen Zwecken gebraucht: Es half beim Gerben von

Fischfang und in der Folge der Handel mit Fischen spielten in Skandinavien eine große Rolle. Den Heringfang an der Küste vor Schonen (Schweden) illustriert der Holzstich aus der „Historia de Gentibus Septentrionalibus" von Olaus Magnus (1555).

Tierhäuten, fand bei den Töpfern für Salzglasuren und in der Metallurgie zur Trennung von Gold und Silber Verwendung. Salz bedeutete Wohlstand. Städte, die Salz produzierten oder mit Salz handelten, gelangten zu Macht und Reichtum. Auch für Könige und Adel war das Salz eine wichtige Einnahmequelle. Das Salz gehörte deshalb zu den sogenannten Regalien, das heißt fiskalisch nutzbaren Herrschaftsrechten des Landesherrn. Abgaben, Zölle und Steuern, die auf Salz erhoben wurden, leisteten einen wesentlichen Beitrag zu den fürstlichen Finanzhaushalten.

Im Hanseraum wurde das Salz in Salinen hergestellt, die in Norddeutschland zahlreich vorhanden waren. Von Bedeutung waren Oldesloe, Lüneburg, Greifswald und Kolberg. Der weitaus wichtigste Salzproduzent war Lüneburg. Die Stadt stellte alle übrigen Salzwerke sowohl hinsichtlich der Zahl ihrer Beschäftigten als auch hinsichtlich der Produktionsmengen in den Schatten. Die Jahresproduktion der 48 urkundlich belegten Salzsiedehäuser wurde für das frühe 13. Jahrhundert bereits auf etwa 10 000 Tonnen jährlich berechnet. Auf dem Höhepunkt der Salzproduktion im 15. Jahrhundert wurden in Lüneburg verschiedenen Schätzungen zufolge bis zu 25 000 Tonnen Salz im Jahr hergestellt, von dem der größte Teil über Lübeck unter der Warenbezeichnung „Travensalz" im Ostseeraum abgesetzt wurde.

Auf den engen Zusammenhang zwischen dem Aufstieg Lüneburgs und seines Salinenwesens einerseits und Lübecks andererseits ist in der Literatur immer wieder hingewiesen worden. Lüneburg, das war die Saline, und das gesamte Gewerbeleben der Stadt war auf die Salzherstellung ausgerichtet, was auch in deren Sozial- und Verfassungsstruktur zum Ausdruck kam. Die Ratspolitik hatte immer die Interessen der Saline im Blick. Die Vermarktung des Lüneburger Salzes lag dagegen ganz in den Händen der Lübecker. Die Bedeutung, die das Salz für das Lübecker Wirtschaftsleben hatte, kann nicht hoch genug veranschlagt werden. Die Verfügbarkeit über diese Handelsware verschaffte der Travestadt den Vorsprung vor ihren Konkurrenten im Ostseehandel. Dem Salz verdankten die Lübecker einen großen Teil ihres Wohlstands.

Der Transport des Salzes von Lüneburg nach Lübeck auf dem Landweg war allerdings beschwerlich. Um die immense Nachfrage bedienen zu können, investierten die Lübecker Salzhändler in den 1390er Jahren große Summen in den Bau eines Kanals zwischen Elbe und Trave. Der 1398 fertiggestellte sogenannte Stecknitz-Kanal war der erste Wasserscheidekanal Nordeuropas.

Das Lüneburger Salz geriet Anfang des 15. Jahrhunderts unter zunehmenden Druck des sogenannten Baiensalzes. Unter diesem Sammelbegriff wurde das Meersalz, das vornehmlich an der französischen Atlantikküste, aber auch in Spanien und Portugal gewonnen wurde, auf den nordeuropäischen Markt gebracht. Es waren holländische Kaufleute, die es im Norden einführten. Das Baiensalz war um ein Drittel bis um die Hälfte billiger als das hochwertige Lüneburger Salinensalz. Der Käufer musste allerdings in Kauf nehmen, dass es in der Regel feucht, grau und grobkörnig war. Dennoch verdrängte es, vor allem als Konservierungsmittel, nach und nach das Salinensalz, obwohl die Lübecker Salzhändler alles daransetzten, ihr Salzmonopol zu bewahren. Schließlich waren die Lübecker sogar selbst genötigt, Schiffe in die Biscaya zu schicken, die nicht nur Bordeaux-Wein, sondern auch Baiensalz mitbrachten. Bis zur zweiten Hälfte des 16. Jahrhunderts konnte das Baiensalz einen Marktanteil von 70 bis 80 Prozent im Ostseeraum erobern – hauptsächlich zu Lasten Lüneburgs. Dessen Produktion und Absatz sanken in der Folgezeit stetig auf wenige tausend Tonnen, parallel dazu schrumpfte das Absatzgebiet. Lüneburg litt zusätzlich darunter, dass Fortschritte im Schiffbau die Transportkosten des französischen bzw. iberischen Salzes immens senkten.

Konflikte und Interessengegensätze

Die Jahrzehnte um 1400 markieren den Höhepunkt hansischer Handelsmacht. Doch gab es in Form der holländischen und englischen Kaufleute bereits Konkurrenten, die dem Hansebund zunehmend lästig wurden und schließlich dessen Schicksal besiegelten. Die Holländer erhielten vom dänischen, später auch vom schwedischen König einige Handelsprivilegien. Die skandinavischen Reiche wollten sich mit diesem Schritt aus den hansischen Fesseln lösen, doch entzündeten sich daran zwangsläufig Konflikte zwischen der Hanse auf der einen und den Holländern und Skandinaviern auf der anderen Seite. Die Hanse verfolgte dabei stets das Ziel, ihre alten Privilegien zu erhalten bzw. zurückzugewinnen. Der holländischen und dann auch der englischen Konkurrenz sollte der Weg in die Ostsee versperrt werden. Dieses Vorgehen war rückwärtsgewandt und nicht auf der Höhe der zeitgenössischen Entwicklung, die auf ein freies Agieren der Handelsinteressen zulief.

Allerdings entstand innerhalb des Hansebunds zunehmend Zwietracht, weil einige Städte bzw. Städtegruppierungen Sonderinteressen verfolgten. Da der starke Bevölkerungszuwachs in Holland, Seeland und Flandern größere Getreidezufuhren aus den Ostseeländern erforderte, war es beispielsweise für die Kaufleute in den preußischen und livländischen Hansestädten gewinnbringender, den von den Lübeckern gesteuerten Handel zu umgehen und direkt mit den Holländern zu handeln. Deshalb entzogen sie sich auch dem in den 1430er Jahren von den wendischen Städten gegen Dänemark und Holland geführten Kaperkrieg, an dessen Ende ein Kompromissfrieden stand. Dieser Frieden brachte den holländischen Kaufleuten bezogen auf den Ostseehandel einige Zugeständnisse, den wendischen Städten in der Hauptsache aber nur die Befreiung vom Sundzoll, den der dänische König 1429 eingeführt hatte. Da die preußischen und livländischen Städte

Noch ein zentrales Handelsgut der Hansekaufleute: Salz. Wie das Salzsieden vor sich ging, wird aus der Buchmalerei von 1450 ersichtlich.

Der Einsatz militärischer Mittel war für die Hanse in der Regel nur das letzte Mittel, dennoch war sie für kriegerische Konflikte durchaus gerüstet. Die englische Buchmalerei aus dem frühen 14. Jahrhundert zeigt das Seegefecht zweier Schiffe (aus den „Decretales" Papst Gregors IX.).

in diese Befreiung nicht eingeschlossen wurden, entstand ein erster tiefer Riss zwischen den Hansestädten der Ostsee.

Darüber hinaus waren die preußischen Hansestädte und insbesondere Danzig mit dem Niedergang des Deutschen Ordens zunehmend genötigt, sich auf die handelspolitischen Interessen des polnischen Königreichs einzustellen, dessen Oberherrschaft sie 1466 im zweiten Frieden von Thorn anerkannten. Auch weiter im Osten sollten bald darauf machtpolitische Veränderungen den hansischen Handel erschüttern: 1478 unterwarf der Moskowiter Zar Iwan III. das Fürstentum Nowgorod und schloss 1494 das dortige Hansekontor. Der Russlandhandel lief nun überwiegend über die livländischen Hansestädte, was bei diesen zu Sonderinteressen führte.

Im Westen verlief die Entwicklung für die Hanse mit dem Aufkommen nationalstaatlicher Handelspolitik ebenfalls ungünstig. Durch das Ausgreifen Burgunds nach Flandern und Holland erhielten die einheimischen Kaufleute eine mächtige staatliche Unterstützung. Hinzu kam, dass die Versandung des Swin, der Brügge mit der Nordsee verband, die Bedeutung dieses Handelsstützpunkts – des wichtigsten, den die Hanse im Westen besaß – zunehmend schrumpfen ließ. Die neuen Wirtschaftszentren dieser Region hießen Antwerpen und Amsterdam, die von den nun größeren und tiefer liegenden Handelsschiffen angelaufen wurden. Mit der kolonialen Expansion nach Übersee und der Entwicklung des transatlantischen Handels im 16. Jahrhundert bekamen diese beiden Städte in Nordwesteuropa eine überragende Bedeutung. Sie und nicht mehr Lübeck banden auch den Ostseeraum an den Weltmarkt. Und dessen Kraftfeld war von nun an die atlantische Welt.

Auch in England mussten die Hanse-Kaufleute zunehmend Einschränkungen ihrer ehemals umfangreichen Privilegien hinnehmen. Die gewaltsamen Auseinandersetzungen mit englischen Fernkaufleuten, den sogenannten *merchant adventurers*, häuften sich. Wiederholt griff die Krone zugunsten

Eine bedeutende Hansestadt an der Ostsee: Danzig. Der kolorierte Kupferstich stammt aus Georg Brauns und Franz Hogenbergs „Civitates Orbis Terrarum", Köln 1600.

der Einheimischen ein und schloss ein ums andere Mal das Londoner Hansekontor. 1470 kam es sogar zu einem vierjährigen Kaperkrieg zwischen den Kontrahenten. Gleichwohl war die Hanse noch fast das ganze 16. Jahrhundert über in England präsent. Allerdings verlor sie im Lauf dieses Jahrhunderts immer mehr Marktanteile an die von der Krone geförderten englischen Kaufleute. Anfang 1598 verfügte Königin Elisabeth I. die Schließung des Hansekontors und die Aufhebung aller hansischen Handelsprivilegien in ihrem Königreich.

So wenig wie für den Anfang kann für das Ende der Hanse ein bestimmter Zeitpunkt genannt werden. Die Gemeinschaft löste sich im Lauf des 16. Jahrhunderts vielmehr schleichend auf – und der Verfall war keineswegs mit einem wirtschaftlichen Niedergang der einzelnen Städte verbunden, bei einigen, etwa Danzig, Riga, Hamburg oder Bremen, war sogar das Gegenteil der Fall. Die Abgesandten der Hansestädte trafen sich zwar noch bis 1669 mehr oder weniger regelmäßig, doch alle Versuche, eine gemeinsame Politik zu formulieren, liefen letztlich ins Leere. Was blieb, war ein kulturelles Erbe, das den norddeutschen Küstenstädten und dem Ostseeraum bis heute ein besonderes Gepräge verleiht.

Prof. Dr. Robert Bohn
geb. 1952, lehrt mittlere und neuere Geschichte an der Universität Flensburg.

Weiterführende Literatur

Fernhandel im Alten Orient

M.-C. Cauvin u.a. (Hrsg.), L'obsidienne au Proche et Moyen Orient. Du volcan à l'outil. Oxford 1998.

Bernd Janowski/Gernot Wilhelm (Hrsg.), Briefe (Texte aus der Umwelt des Alten Testaments). Gütersloh 2006.

Karen Radner, Assyrische Handelspolitik: Die Symbiose mit unabhängigen Handelszentren und ihre Kontrolle durch Assyrien, in: Robert Rollinger/Christoph Ulf (Hrsg.), Commerce and Monetary Systems in the Ancient World. Means of Transmission and Cultural Interaction. Wiesbaden 2004.

Ünsal Yalçın/Cemal Pulak/Rainer Slotta (Hrsg.), Das Schiff von Uluburun. Welthandel vor 3000 Jahren. Bochum 2005.

C. Zaccagnini (Hrsg.), Mercanti e politica nel mondo antico. Rom 2000 (darin vor allem: Mario Liverani, The Influence of Political Institutions on Trade in the Ancient Near East (Late Bronze to Early Iron Age) sowie: Klaas R. Veenhof, Trade and Politics in Ancient Assur: Balancing of Public, Colonial and Entrepreneurial Interests).

Die klassische Mittelmeerwelt

Michel M. Austin/Pierre Vidal-Naquet, Gesellschaft und Wirtschaft im alten Griechenland. München 1984.

Philip D. Curtin, Cross-cultural Trade in World History. Cambridge 1984.

Peregrine Horden/Nicholas Purcell, The Corrupting Sea. A Study of Mediterranean History. Oxford 2000.

Hans Kloft, Die Wirtschaft der griechisch-römischen Welt. Eine Einführung. Darmstadt 1992.

Neville Morley, Trade in Classical Antiquity. Cambridge 2007.

Graham J. Oliver, War, Food, and Politics in Early Hellenistic Athens. New York 2007.

Michael Sommer, Die Phönizier. Handelsherren zwischen Orient und Okzident. Stuttgart 2005.

Ders., Roms orientalische Steppengrenze. Stuttgart 2005.

Gary K. Young, Rome's Eastern Trade. International Commerce and Imperial Policy. 31 BC – AD 305. London 2001.

Die „Seidenstraße"

Vadime Elisseeff (Hrsg,), The Silk Roads. Highways of Culture and Commerce. New York 2000.

Thomas O. Höllmann, Die Seidenstraße. München 2004.

Ulrich Hübner/Jens Kamlah/Lucian Reinfandt (Hrsg.), Die Seidenstraße. Handel und Kulturaustausch in einem eurasiatischen Wegenetz. Hamburg 2001.

Folker Reichert, Begegnungen mit China. Die Entdeckung Ostasiens im Mittelalter. Sigmaringen 1992.

Ders., Erfahrung der Welt. Reisen und Kulturbegegnung im späten Mittelalter. Stuttgart 2001.

Morris Rossabi, Voyager from Xanadu. Rabban Sauma and the First Journey from China to the West. Tokyo 1992.

Michael Weiers, Geschichte der Mongolen. Stuttgart 2004.

Frances Wood, Entlang der Seidenstraße. Mythos und Geschichte. Darmstadt 2007.

Handel zwischen Arabien und Südostasien

Sugata Bose, A Hundred Horizons. The Indian Ocean in the Age of Global Empire. Cambridge 2006.

Kirti N. Chaudhuri, Trade and Civilisation in the Indian Ocean. History from the Rise of Islam to 1750. Cambridge/New York 1985.

Stephan Conermann (Hrsg.), Der Indische Ozean in historischer Perspektive. Hamburg 1998.

Milo Kearney, The Indian Ocean in World History. London 2003.

Kenneth McPherson, The Indian Ocean: A History of People and the Sea. Delhi/New York 1993.

Michael Pearson, The Indian Ocean. London/New York 2003.

Chinesische Handelsseefahrt

Gang Deng, Chinese Maritime Activities and Socioeconomic Development, c. 2100 B.C. – 1900 A.D. London u.a. 1997.

Joseph Needham, Science and Civilisation in China. Band 4: Physics and Physical Technology. Teil 3: Civil Engineering and Nautics. Cambridge 1971.

Michael Pearson (Hrsg.), Spices in the Indian Ocean World. Aldershot 1996.

Roderich Ptak, Die maritime Seidenstraße. Küstenräume, Seefahrt und Handel in vorkolonialer Zeit. München 2007.

Angela Schottenhammer (Hrsg.), The Emporium of the World. Maritime Quanzhou, 1000 – 1400. Leiden u.a. 2001.

Dies., Das songzeitliche Quanzhou im Spannungsfeld zwischen Zentralregierung und maritimem Handel: Unerwartete Konsequenzen des zentralstaatlichen Zugriffs auf den Reichtum einer Küstenregion. Stuttgart 2002.

Transalpiner Fernhandel

Arnold Eschich, Spätmittelalterlicher Paßverkehr im Alpenraum. Typologie der Quellen, in: ders., Alltag der Entscheidung. Beiträge zur Geschichte der Schweiz an der Wende vom Mittelalter zur Neuzeit. Bern/Stuttgart/Wien 1998.

Xenja von Etzdorff/Dieter Neukirch (Hrsg.), Reisen und Reiseliteratur im Mittelalter und in der frühen Neuzeit. Amsterdam/Atlanta 1992.

Herbert Hassinger, Die Alpenübergänge vom Mont Cenis bis zum Simplon im Spätmittelalter, in: Jürgen Schreiber (Hrsg.), Wirtschaftskräfte und Wirtschaftswege, Band 1: Mittelmeer und Kontinent. Bamberg 1978.

Uwe A. Oster (Hrsg.), Wege über die Alpen. Von der Frühzeit bis heute. Darmstadt 2006.

Marie-Claude Schöpfer Pfaffen, Verkehrspolitik im schweizerischen Alpenraum. Bernische und Walliser Erscheinungsformen vom 12. bis zum 16. Jahrhundert. Lizentiatsarbeit. Bern 2006.

Rainer Christoph Schwinges (Hrsg.)/Marie-Claude Schöpfer Pfaffen (Red.), Straßen- und Verkehrswesen im hohen und späten Mittelalter. Ostfildern 2007.

Peter Spufford, Power and Profit. The Merchant in Medieval Europe. London 2002.

Die Hanse

Jörgen Bracker/Volker Henn/Rainer Postel (Hrsg.), Die Hanse – Lebenswirklichkeit und Mythos. Lübeck 1998.

Philippe Dollinger, Die Hanse. Stuttgart 1998.

Klaus Friedland, Die Hanse. Stuttgart u.a. 1991.

Rolf Hammel-Kiesow, Die Hanse. München 2002.